Yasmina Reza

ART

Présentation et notes
par
Peter Müller et Helga Zoch

Ernst Klett Verlag
Stuttgart Düsseldorf Leipzig

En guise d'introduction ...

L'histoire d'*Art* commence en 1995. Le hasard prend les traits d'un ami dermatologue à qui Yasmina Reza rend un jour visite. « *Cela s'est passé comme dans la pièce. X frétillait. Tu ne sais pas ce que j'ai acheté, me dit-il. Il me montre un tableau. Blanc. Il me dit c'est un Martin Barré. Martin Barré est mort, depuis, mais il avait une belle réputation dans le genre conceptuel. Plusieurs toiles à Beaubourg. Mais enfin le tableau ... blanc. X me dit : tu sais combien je l'ai payé. J'hésite. Il dit 200 000 francs. Comme dans la pièce. Alors, je suis prise d'un rire, mais d'un rire ! X, mon ami, hésite. Puis il rit avec moi. Mais le soir, à la maison, je me suis dit : et si X n'avait pas ri ? La pièce était née.* »

« *Voilà trois personnages,* explique le metteur en scène Patrice Kerbrat, *qui n'ont pas grand-chose dans l'existence, en dehors de l'amitié qu'ils se portent. Elle se brise. Il ne leur reste rien. D'où mon parti : creuser la gravité de la situation, avec ces acteurs en costume sombre qui évoluent dans un décor vide et blanc. Quelques jours avant la première, j'ai paniqué. Si j'étais allé trop loin ? Si personne ne riait ? Mais les rires ont submergé la salle. Et c'est le premier cadeau qu'offre cette pièce au public : elle le laisse, au bout de quatre-vingt-dix minutes, heureux. Mais derrière ce bonheur de la comédie, Yasmina explore le domaine sombre des amitiés entre hommes. Là est la vraie raison de ce succès : en allant voir* Art, *les femmes découvrent un monde. Et les hommes le reconnaissent.* » Comme l'explique Sabine Bossan, chargée de promouvoir le théâtre français à l'étranger, « *Yasmina a fait resurgir, pour parler du comportement humain et particulièrement masculin, une subtilité, une élégance que chacun considère comme la marque du théâtre français.* Art, *c'est du champagne.* »

Propos relevés par François Granon pour *Télérama,* 11 mars 1998

PERSONNAGES

Marc
Serge
Yvan

Le salon d'un appartement.
Un seul décor. Le plus dépouillé, le plus neutre possible.
Les scènes se déroulent successivement chez Serge, Yvan et Marc.
Rien ne change, sauf l'œuvre de peinture exposée.

Marc, seul.

MARC Mon ami Serge a acheté un tableau.
C'est une toile d'environ un mètre soixante sur un mètre vingt, peinte en blanc. Le fond est blanc et si on cligne des yeux, on peut apercevoir de fins liserés blancs transversaux.
Mon ami Serge est un ami depuis longtemps.
C'est un garçon qui a bien réussi, il est médecin dermatologue et il aime l'*art*.
Lundi, je suis allé voir le tableau que Serge avait acquis samedi mais qu'il convoitait depuis plusieurs mois.
Un tableau blanc, avec des liserés blancs.

Chez Serge.
Posée à même le sol, une toile blanche, avec de fins liserés blancs transversaux.
Serge regarde, réjoui, son tableau.
Marc regarde le tableau.
Serge regarde Marc qui regarde le tableau.
Un long temps où tous les sentiments se traduisent sans mot.

6 **dépouillé,e** *ici:* sans décoration - 7 **se dérouler** se passer - **successivement** l'un après l'autre - 8 **exposé,e** → une exposition - 10 **un tableau** une toile, une peinture - 12 **peindre** → la peinture, le peintre - **cligner des yeux** fermer et ouvrir les yeux rapidement - 13 **fin,e** ≠ gros - **un liseré** Streifen - **transversal,e** quer - 15 **un dermatologue** un médecin qui traite les maladies de la peau - 17 **acquérir** *ici:* acheter - 18 **convoiter** désirer fortement - 21 **à même** directement sur - 23 **réjoui,e** très content, joyeux - 26 **se traduire** se manifester / se montrer

MARC Cher ?

SERGE Deux cent mille.

MARC Deux cent mille ? …

SERGE Handtington me le reprend à vingt-deux.

MARC Qui est-ce ?

SERGE Handtington ?!

MARC Connais pas.

SERGE Handtington ! La galerie Handtington !

MARC La galerie Handtington te le reprend à vingt-deux ? …

SERGE Non, pas la galerie. Lui. Handtington lui-même. Pour lui.

MARC Et pourquoi ce n'est pas Handtington qui l'a acheté ?

SERGE Parce que tous ces gens ont intérêt à vendre à des particuliers. Il faut que le marché circule.

MARC Ouais …

SERGE Alors ?

MARC …

SERGE Tu n'es pas bien là. Regarde-le d'ici. Tu aperçois les lignes ?

MARC Comment s'appelle le …

SERGE Peintre. Antrios.

MARC Connu ?

SERGE Très. Très !

Un temps.

MARC Serge, tu n'as pas acheté ce tableau deux cent mille francs ?

SERGE Mais mon vieux, c'est le prix. C'est un ANTRIOS !

MARC Tu n'as pas acheté ce tableau deux cent mille francs !

SERGE J'étais sûr que tu passerais à côté.

MARC Tu as acheté cette merde deux cent mille francs ?!

Serge, comme seul.

SERGE Mon ami Marc, qui est un garçon intelligent, garçon que j'estime depuis longtemps, belle situation, ingénieur dans l'aéronautique, fait partie de ces intellectuels, nouveaux, qui, non contents d'être ennemis de la modernité, en tirent une vanité incompréhensible.

Il y a depuis peu, chez l'adepte du bon vieux temps, une arrogance vraiment stupéfiante.

12 **un particulier** une personne privée - 13 **circuler** *ici:* in Bewegung bleiben - 26 **passer à côté (de qc)** ne pas comprendre (qc) - 27 **une merde** *pop* qc qui n'a aucune valeur - 30 **estimer qn** apprécier / aimer qn - 31 **l'aéronautique** *f* la construction d'avions - 32 **un ennemi** ≠ un ami - 33 **la vanité** la satisfaction de soi (Eitelkeit) - 34 **un adepte de qc** qn qui aime beaucoup qc - 35 **stupéfiant,e** très étonnant (umwerfend)

Les mêmes.
Même endroit.
Même tableau.

SERGE *(après un temps)* … Comment peux-tu dire « cette merde »?

MARC Serge, un peu d'humour ! Ris ! … Ris, vieux, c'est prodigieux que tu aies acheté ce tableau !

Marc rit.
Serge reste de marbre.

SERGE Que tu trouves cet achat prodigieux tant mieux, que ça te fasse rire, bon, mais je voudrais savoir ce que tu entends par « cette merde ».

MARC Tu te fous de moi !

SERGE Pas du tout. « Cette merde » par rapport à quoi ? Quand on dit telle chose est une merde, c'est qu'on a un critère de valeur pour estimer cette chose.

MARC A qui tu parles ? A qui tu parles en ce moment ? Hou hou ! …

SERGE Tu ne t'intéresses pas à la peinture contemporaine, tu ne t'y es jamais intéressé. Tu n'as aucune connaissance dans ce domaine, donc comment peux-tu affirmer que tel objet, obéissant à des lois que tu ignores, est une merde ?

MARC … C'est une merde. Excuse-moi.

Serge, seul.

SERGE Il n'aime pas le tableau.
Bon …
Aucune tendresse dans son attitude.
Aucun effort.
Aucune tendresse dans sa façon de condamner.
Un rire prétentieux, perfide.
Un rire qui sait tout mieux que tout le monde.
J'ai haï ce rire.

5 **prodigieux, -euse** extraordinaire - 8 **le marbre** Marmor - **rester de marbre** ne montrer aucune réaction (wie versteinert sein) - 12 **se foutre de qn** *pop* se moquer de qn - 14 **tel, le** solch/so ein - 17 **contemporain,e** de notre époque - 20 **obéir à qc** suivre, respecter qc - 25 **la tendresse** *ici:* Feingefühl - 28 **prétentieux, -euse** arrogant - **perfide** *litt* méchant - 30 **haïr** détester

Marc, seul.

MARC Que Serge ait acheté ce tableau me dépasse, m'inquiète et provoque en moi une angoisse indéfinie.
En sortant de chez lui, j'ai dû sucer trois granules de Gelsémium 9 CH que Paula m'a conseillé – entre parenthèses, elle m'a dit Gelsémium ou Ignatia ? tu préfères Gelsémium ou Ignatia ? est-ce que je sais moi ?! – car je ne peux absolument pas comprendre comment Serge, qui est un ami, a pu acheter cette toile. Deux cent mille francs !
Un garçon aisé mais qui ne roule pas sur l'or. Aisé sans plus, aisé bon. Qui achète un tableau blanc vingt briques.
Je dois m'en référer à Yvan qui est notre ami commun, en parler avec Yvan. Quoique ... Yvan est un garçon tolérant, ce qui en matière de relation humaine est le pire défaut.
Yvan est tolérant parce qu'il s'en fout.
Si Yvan tolère que Serge ait pu acheter une merde blanche vingt briques, c'est qu'il se fout de Serge.
C'est clair.

Chez Yvan.
Au mur, une croûte.
Yvan est de dos à quatre pattes.
Il semble chercher quelque chose sous un meuble.
Dans l'action, il se retourne pour se présenter.

YVAN Je m'appelle Yvan.
Je suis un peu tendu car après avoir passé ma vie dans le textile, je viens de trouver un emploi de représentant dans une papeterie en gros.
Je suis un garçon sympathique. Ma vie professionnelle a toujours été un échec et je vais me marier dans quinze jours avec une gentille fille brillante et de bonne famille.

2 **qc dépasse qn** etw. überfordert jdn - 3 **une angoisse** une grande peur - **indéfini,e** vague / imprécis - 4 **sucer** lutschen - **une granule** kleine Pille - 5 **Gelsémium 9 CH, Ignatia** médicaments contre la dépression - **conseiller** → un conseil - 10 **aisé,e** assez riche - **rouler sur l'or** *fam* être très riche - 12 **une brique** *fam* 10. 000 FF - 13 **se référer à qn** *ici:* demander l'avis de qn - 20 **une croûte** *fam* un mauvais tableau (Schinken) - 25 **tendu,e** un peu nerveux (≠ détendu) - 27 **la papeterie en gros** Schreibwarengroßhandel

Entre Marc.
Yvan est à nouveau de dos en train de chercher.

MARC Qu'est-ce que tu fais ?
YVAN Je cherche le capuchon de mon feutre.
Un temps.
MARC Bon ça suffit.
YVAN Je l'avais il y a cinq minutes.
MARC Ce n'est pas grave.
YVAN Si.
Marc se baisse pour chercher avec lui.
Ils cherchent tous deux pendant un instant. Marc se redresse.
MARC Arrête. Tu en achèteras un autre.
YVAN Ce sont des feutres exceptionnels, tu peux dessiner sur toutes les matières avec ... Ça m'énerve. Si tu savais comme les objets m'énervent. Je serrais ce capuchon, il y a cinq minutes.
MARC Vous allez vous installer ici ? ...
YVAN Tu trouves bien pour un jeune couple ?
MARC Un jeune couple ! Ah ! Ah !
YVAN Evite ce rire devant Catherine.
MARC La papeterie ?
YVAN Bien. J'apprends.
MARC Tu as maigri.
YVAN Un peu. Ça m'emmerde de ne pas avoir trouvé ce capuchon, il va sécher maintenant. Assieds-toi.
MARC Si tu continues à chercher ce capuchon, je m'en vais.
YVAN OK, j'arrête. Tu veux boire quelque chose ?
MARC Un Perrier, si tu as.
Tu as vu Serge ces derniers jours ?
YVAN Pas vu. Et toi ?
MARC Vu hier.
YVAN En forme ?
MARC Très.
Il vient de s'acheter un tableau.
YVAN Ah bon ?
MARC Mmm.
YVAN Beau ?
MARC Blanc.

4 **le capuchon** Kappe, Hülle - **un feutre** Filzstift - 11 **se redresser** se relever - 43 **qc emmerde qn** *fam* etw. stinkt jdm - 25 **sécher** devenir sec, sèche -

YVAN Blanc ?

MARC Blanc. Représente-toi une toile d'environ un mètre soixante sur un mètre vingt … fond blanc … entièrement blanc … en diagonale, de fines rayures transversales blanches … tu vois … et peut-être une ligne horizontale blanche en complément, vers le bas …

YVAN Comment tu les vois ?

MARC Pardon ?

YVAN Les lignes blanches. Puisque le fond est blanc, comment tu vois les lignes ?

MARC Parce que je les vois. Parce que mettons que les lignes soient légèrement grises, ou l'inverse, enfin il y a des nuances dans le blanc ! Le blanc est plus ou moins blanc !

YVAN Ne t'énerve pas. Pourquoi tu t'énerves ?

MARC Tu cherches tout de suite la petite bête. Tu ne me laisses pas finir !

YVAN Bon. Alors ?

MARC Bon. Donc, tu vois le tableau.

YVAN Je vois.

MARC Maintenant tu vas deviner combien Serge l'a payé.

YVAN Qui est le peintre ?

MARC Antrios. Tu connais ?

YVAN Non. Il est coté ?

MARC J'étais sûr que tu poserais cette question !

YVAN Logique …

MARC Non, ce n'est pas logique …

YVAN C'est logique, tu me demandes de deviner le prix, tu sais bien que le prix est en fonction de la cote du peintre …

MARC Je ne te demande pas d'évaluer ce tableau en fonction de tel ou tel critère, je ne te demande pas une évaluation professionnelle, je te demande ce que toi Yvan, tu donnerais pour un tableau blanc agrémenté de quelques rayures transversales blanc cassé.

YVAN Zéro centime.

MARC Bien. Et Serge ? Articule un chiffre au hasard.

YVAN Dix mille.

5 **une rayure** Streifen - 6 **en complément** en plus - 11 **mettons** *ici:* disons - 12 **l'inverse** *m* le contraire (→ inverser qc) - 15 **chercher la petite bête** *fam* spitzfindig sein - 22 **être coté** avoir une valeur «officiellement» reconnue (→ la cote); *ici:* être renommé - 31 **agrémenté,e de qc** décoré de / complété par qc - 32 **un blanc cassé** un blanc très légèrement coloré - 34 **articuler** *ici:* dire

Marc Ah ! Ah !

Yvan Cinquante mille.

Marc Ah ! Ah !

Yvan Cent mille …

Marc Vas-y …

Yvan Quinze ? … Vingt ?!

Marc Vingt. Vingt briques.

Yvan Non ?!

Marc Si.

Yvan Vingt briques ??!

Marc Vingt briques.

Yvan Il est dingue ! …

Marc N'est-ce pas ?

Léger temps.

Yvan Remarque …

Marc … Remarque quoi ?

Yvan Si ça lui fait plaisir … Il gagne bien sa vie …

Marc C'est comme ça que tu vois les choses, toi.

Yvan Pourquoi ? Tu les vois comment, toi ?

Marc Tu ne vois pas ce qui est grave là-dedans ?

Yvan Heu … Non …

Marc C'est curieux que tu ne voies pas l'essentiel dans cette histoire. Tu ne perçois que l'extérieur. Tu ne vois pas ce qui est grave.

Yvan Qu'est-ce qui est grave ?

Marc Tu ne vois pas ce que ça traduit ?

Yvan … Tu veux des noix de cajou ?

Marc Tu ne vois pas que subitement, de la façon la plus grotesque qui soit, Serge se prend pour un « collectionneur ».

Yvan Hun, hun …

Marc Désormais, notre ami Serge fait partie du Gotha des grands amateurs d'art.

Yvan Mais non ! …

Marc Bien sûr que non. A ce prix-là, on ne fait partie de rien, Yvan. Mais lui, le croit.

Yvan Ah oui …

Marc Ça ne te gêne pas ?

Yvan Non. Si ça lui fait plaisir.

12 **dingue** *fam* fou - 14 **léger, -ère** *ici:* très court - 23 **percevoir** voir, comprendre - 26 **une noix de cajou** Cashewnuss - 30 **le Gotha** l'ensemble des grandes familles nobles d'Europe - 36 **gêner** déranger

MARC Qu'est-ce que ça veut dire, si ça lui fait plaisir ?!
Qu'est-ce que c'est que cette philosophie du *si ça lui fait plaisir* ?!

YVAN Dès l'instant qu'il n'y a pas de préjudice pour autrui ...

MARC Mais il y a un préjudice pour autrui ! Moi je suis perturbé mon vieux, je suis perturbé et je suis même blessé, si, si, de voir Serge, que j'aime, se laisser plumer par snobisme et ne plus avoir un gramme de discernement.

YVAN Tu as l'air de le découvrir. Il a toujours hanté les galeries de manière ridicule, il a toujours été un rat d'exposition ...

MARC Il a toujours été un rat mais un rat avec qui on pouvait rire. Car vois-tu, au fond, ce qui me blesse réellement, c'est qu'on ne peut plus rire avec lui.

YVAN Mais si !

MARC Non !

YVAN Tu as essayé ?

MARC Bien sûr. J'ai ri. De bon cœur. Que voulais-tu que je fasse ? Il n'a pas desserré les dents.
Vingt briques, c'est un peu cher pour rire, remarque.

YVAN Oui. *(Ils rient.)* Avec moi, il rira.

MARC M'étonnerait. Donne encore des noix.

YVAN Il rira, tu verras.

Chez Serge.
Serge est avec Yvan. On ne voit pas le tableau.

SERGE ... Et avec les beaux-parents, bons rapports ?

YVAN Excellents. Ils se disent c'est un garçon qui a été d'emploi précaire en emploi précaire, maintenant il va tâtonner dans le vélin ... J'ai un truc sur la main là, c'est quoi ? ...
(Serge l'ausculte.) ... C'est grave ?

SERGE Non.

4 **un préjudice** qc de défavorable pour qn (Nachteil / Schaden) - **autrui** les autres - 6 **perturber** déranger / troubler - 7 **se laisser plumer** *fam* sich ausnehmen lassen - 8 **le discernement** le bon sens - 9 **hanter (un lieu)** *ici: litt* y être très souvent - 10 **ridicule** lächerlich - **un rat** Ratte - **un rat d'exposition** *fam* qn qui va souvent dans les expositions - 17 **de bon cœur** avec plaisir - 18 **ne pas desserrer les dents** ne rien dire - 25 **les beaux-parents** *m* les parents de sa femme/de son mari - 27 **précaire** ≠ stable - **tâtonner** *ici:* sich (an etw.) versuchen - 28 **le vélin** une sorte de papier; *ici:* la papeterie - 28 **un truc** *fam* quelque chose - 29 **ausculter** abhorchen; *ici:* examiner

Yvan Tant mieux. Quoi de neuf ? …

Serge Rien. Beaucoup de travail. Fatigué.
Ça me fait plaisir de te voir. Tu ne m'appelles jamais.

Yvan Je n'ose pas te déranger.

Serge Tu plaisantes. Tu laisses ton nom à la secrétaire et je te rappelle tout de suite.

Yvan Tu as raison.
De plus en plus monacal chez toi …

Serge *(Il rit.)* Oui ! …
Tu as vu Marc récemment ?

Yvan Non, pas récemment.
Tu l'as vu toi ?

Serge Il y a deux, trois jours.

Yvan Il va bien ?

Serge Oui. Sans plus.

Yvan Ah bon ?!

Serge Non, mais il va bien.

Yvan Je l'ai eu au téléphone il y a une semaine, il avait l'air bien.

Serge Oui, oui, il va bien.

Yvan Tu as l'air de dire qu'il n'allait pas très bien.

Serge Pas du tout, je t'ai dit qu'il allait bien.

Yvan Tu as dit, sans plus.

Serge Oui, sans plus. Mais il va bien.

Un long temps.
Yvan erre dans la pièce …

Yvan Tu es sorti un peu ? Tu as vu des choses ?

Serge Rien. Je n'ai plus les moyens de sortir.

Yvan Ah bon ?

Serge *(gaiement)* Je suis ruiné.

Yvan Ah bon ?

Serge Tu veux voir quelque chose de rare ? Tu veux ?

Yvan Et comment ! Montre !

Serge sort et revient dans la pièce avec l'Antrios qu'il retourne et dispose devant Yvan.
Yvan regarde le tableau et curieusement ne parvient pas à rire de bon cœur comme il l'avait prévu.

8 **monacal,e** mönchisch; *ici:* schlicht, karg - 10 **récemment** il y a peu de temps - 25 **errer** aller (quelque part) sans but précis - 34 **disposer** *ici:* placer - 35 **parvenir (à faire qc)** réussir - 36 **prévoir qc** imaginer qc à l'avance; *ici:* vouloir (faire) qc

Après un long temps où Yvan observe le tableau et où Serge observe Yvan.

YVAN Ah oui. Oui, oui.

SERGE Antrios.

YVAN Oui, oui.

SERGE Antrios des années soixante-dix. Attention. Il a une période similaire aujourd'hui, mais celui-là c'est un de soixante-dix.

YVAN Oui, oui.
Cher ?

SERGE Dans l'absolu, oui. En réalité, non.
Il te plaît ?

YVAN Ah oui, oui, oui.

SERGE Evident.

YVAN Evident, oui … Oui … Et en même temps …

SERGE Magnétique.

YVAN Mmm … Oui …

SERGE Et là, tu n'as pas la vibration.

YVAN … Un peu …

SERGE Non, non. Il faudrait que tu viennes à midi. La vibration du monochrome, on ne l'a pas en lumière artificielle.

YVAN Hun, hun.

SERGE Encore qu'on ne soit pas dans le monochrome !

YVAN Non ! …
Combien ?

SERGE Deux cent mille.

YVAN … Eh oui.

SERGE Eh oui.

Silence.

Subitement Serge éclate de rire, aussitôt suivi par Yvan. Tous deux s'esclaffent de très bon cœur.

SERGE Dingue, non ?

YVAN Dingue !

SERGE Vingt briques !

Ils rient de très bon cœur.
S'arrêtent. Se regardent. Repartent. Puis s'arrêtent.

7 **similaire** presque pareil / identique - 10 **dans l'absolu** absolut betrachtet - 13 **évident,e** certain / indiscutable - 20 **(le) monochrome** (ce) qui est d'une seule couleur - **artificiel, le** ≠ naturel - 29 **subitement** tout à coup - 30 **s'esclaffer** rire (en faisant beaucoup de bruit)

Une fois calmés :

SERGE Tu sais que Marc a vu ce tableau.

YVAN Ah bon ?

SERGE Atterré.

YVAN Ah bon ?

SERGE Il m'a dit que c'était une merde. Terme complètement inapproprié.

YVAN C'est juste.

SERGE On ne peut pas dire que c'est une merde.

YVAN Non.

SERGE On peut dire, je ne vois pas, je ne saisis pas, on ne peut pas dire « c'est une merde ».

YVAN Tu as vu chez lui.

SERGE Rien à voir.
Chez toi aussi c'est … enfin je veux dire, tu t'en fous.

YVAN Lui c'est un garçon classique, c'est un homme classique, comment veux-tu …

SERGE Il s'est mis à rire d'une manière sardonique … Sans l'ombre d'un charme … Sans l'ombre d'un humour.

YVAN Tu ne vas pas découvrir aujourd'hui que Marc est impulsif …

SERGE Il n'a pas d'humour. Avec toi, je ris. Avec lui, je suis glacé.

YVAN Il est un peu sombre en ce moment, c'est vrai.

SERGE Je ne lui reproche pas de ne pas être sensible à cette peinture, il n'a pas l'éducation pour, il y a tout un apprentissage qu'il n'a pas fait, parce qu'il n'a jamais voulu le faire ou parce qu'il n'avait pas de penchant particulier, peu importe, ce que je lui reproche c'est son ton, sa suffisance, son absence de tact.
Je lui reproche son indélicatesse. Je ne lui reproche pas de ne pas s'intéresser à l'Art contemporain, je m'en fous, je l'aime au-delà …

YVAN Lui aussi !

SERGE Non, non, non, non, j'ai senti chez lui l'autre jour une sorte … une sorte de condescendance … de raillerie aigre …

YVAN Mais non !

4 **atterré,e** stupéfait (bestürzt) - 5 **un terme** un mot - **inapproprié,e** qui ne convient pas - 18 **sardonique** *litt* sarcastique - **sans l'ombre de** sans aucun(e) - 21 **glacé,e** → la glace - 22 **sombre** pessimiste / de mauvaise humeur - 26 **un penchant** un goût / une préférence - 27 **la suffisance** l'arrogance - 28 **une indélicatesse** un manque de sensibilité - 30 **au-delà** *ici:* malgré cela - 32 **l'autre jour** neulich - 33 **la condescendance** Herablassung - **la raillerie** le sarcasme / l'ironie - **aigre** bitter

SERGE Mais si ! Ne sois pas toujours à essayer d'aplanir les choses. Cesse de vouloir être le grand réconciliateur du genre humain ! Admets que Marc se nécrose. Car Marc se nécrose.

Silence.

Chez Marc.

Au mur, un tableau figuratif représentant un paysage vu d'une fenêtre.

YVAN On a ri.

MARC Tu as ri ?

YVAN On a ri. Tous les deux. On a ri. Je te le jure sur la tête de Catherine, on a ri ensemble tous les deux.

MARC Tu lui as dit que c'était une merde et vous avez ri.

YVAN Non, je ne lui ai pas dit que c'était une merde, on a ri spontanément.

MARC Tu es arrivé, tu as vu le tableau et tu as ri. Et lui a ri aussi.

YVAN Oui. Si tu veux. Après deux, trois mots c'est comme ça que ça s'est passé.

MARC Et il a ri de bon cœur.

YVAN De très bon cœur.

MARC Eh bien tu vois je me suis trompé. Tant mieux. Tu me rassures, vraiment.

YVAN Et je vais même te dire mieux. C'est Serge qui a ri le premier.

MARC C'est Serge qui a ri le premier ...

YVAN Oui.

MARC Il a ri et toi tu as ri après.

YVAN Oui.

MARC Mais lui, pourquoi il a ri ?

YVAN Il a ri parce qu'il a senti que j'allais rire. Il a ri pour me mettre à l'aise, si tu veux.

MARC Ça ne vaut rien s'il a ri en premier.
S'il a ri en premier, c'est pour désamorcer ton rire.
Ça ne signifie pas qu'il riait de bon cœur.

YVAN Il riait de bon cœur.

MARC Il riait de bon cœur mais pas pour la bonne raison.

YVAN C'est quoi déjà la bonne raison ? J'ai un trouble.

1 **aplanir qc** rendre qc plat; *ici:* contourner les problèmes - 2 **un réconciliateur** qn qui veut *réconcilier* (versöhnen) les autres - 3 **se nécroser** être en train de mourir lentement - 6 **figuratif, -ive** qui représente un objet / ≠ abstrait - 9 **jurer** schwören - 27 **mettre qn à l'aise** tout faire pour que qn se sente bien - 30 **désamorcer qc** rendre qc moins dangereux (entschärfen) - 34 **un trouble** *ici:* le fait de ne plus se souvenir

MARC Il ne riait pas du ridicule de son tableau, vous ne riiez pas lui et toi pour les mêmes raisons, toi tu riais du tableau et lui riait pour te plaire, pour se mettre à ton diapason, pour te montrer qu'en plus d'être un esthète qui peut investir sur un tableau ce que tu ne gagnes pas toi en un an, il reste ton vieux pote iconoclaste avec qui on se marre.

YVAN Hun, hun ... *(Un petit silence.)* Tu sais ...

MARC Oui ...

YVAN Tu vas être étonné ...

MARC Oui ...

YVAN Je n'ai pas aimé ... mais je n'ai pas détesté ce tableau.

MARC Bien sûr. On ne peut pas détester l'invisible, on ne déteste pas le rien.

YVAN Non, non, il y a quelque chose ...

MARC Qu'est-ce qu'il y a ?

YVAN Il y a quelque chose. Ce n'est pas rien.

MARC Tu plaisantes ?

YVAN Je ne suis pas aussi sévère que toi. C'est une œuvre, il y a une pensée derrière ça.

MARC Une pensée !

YVAN Une pensée.

MARC Et quelle pensée ?

YVAN C'est l'accomplissement d'un cheminement ...

MARC Ah ! ah ! ah !

YVAN Ce n'est pas un tableau fait par hasard, c'est une œuvre qui s'inscrit à l'intérieur d'un parcours ...

MARC Ah ! ah ! ah !

YVAN Ris. Ris.

MARC Tu répètes toutes les conneries de Serge ! Chez lui, c'est navrant mais chez toi, c'est d'un comique !

YVAN Tu sais Marc, tu devrais te méfier de ta suffisance. Tu deviens aigri et antipathique.

MARC Tant mieux. Plus je vais, plus je souhaite déplaire.

YVAN Bravo.

MARC Une pensée !

3 **se mettre au diapason de qn** sich auf jdn einstellen - 5 **un pote** *fam* un ami - 6 **(un,e) iconoclaste** *ici:* (qn) qui ne respecte pas les valeurs traditionnelles - **se marrer** *fam* s'amuser - 12 **(l') invisible** (ce) qu'on ne peut pas voir - 23 **un accomplissement** Erfüllung - **un cheminement** *ici:* un long travail de recherche - 26 **un parcours** un chemin - 29 **une connerie** *fam* une bêtise - 30 **navrant,e** triste / décourageant - 32 **aigri,e** devenu méchant (→ aigre) - 33 **Plus je vais, plus ...** Je weiter es geht, desto ...

YVAN On ne peut pas parler avec toi.

MARC … Une pensée derrière ça ! … Ce que tu vois est une merde mais rassure-toi, rassure-toi, il y a une pensée derrière ! … Tu crois qu'il y a une pensée derrière ce paysage ? … *(Il désigne le tableau accroché chez lui.)* … Non, hein ? Trop évocateur. Trop dit. Tout est sur la toile ! Il ne peut pas y avoir de pensée !

YVAN Tu t'amuses, c'est bien.

MARC Yvan, exprime-toi en ton nom. Dis-moi les choses comme tu les ressens, toi.

YVAN Je ressens une vibration.

MARC Tu ressens une vibration ? …

YVAN Tu nies que je puisse apprécier en mon nom ce tableau !

MARC Evidemment.

YVAN Et pourquoi ?

MARC Parce que je te connais. Parce que outre tes égarements d'indulgence, tu es un garçon sain.

YVAN On ne peut pas en dire autant te concernant.

MARC Yvan, regarde-moi dans les yeux.

YVAN Je te regarde.

MARC Tu es ému par le tableau de Serge ?

YVAN Non.

MARC Réponds-moi. Demain, tu épouses Catherine et tu reçois en cadeau de mariage ce tableau. Tu es content ? … Tu es content ?

Yvan, seul.

YVAN Bien sûr que je ne suis pas content.
Je ne suis pas content mais d'une manière générale, je ne suis pas un garçon qui peut dire, je suis content.
Je cherche … je cherche un événement dont je pourrais dire, de ça je suis content … Es-tu content de te marier ? m'a dit un jour bêtement ma mère, es-tu seulement content de te marier ? … Sûrement, sûrement maman …
Comment ça sûrement ? On est content ou on n'est pas content, que signifie sûrement ? …

5 **accrocher** *ici:* mettre au mur - **évocateur, -trice** qui fait penser à qc - 15 **outre** *litt* en plus de - **un égarement** Anfall - 16 **l'indulgence** *f* ≠ la sévérité; (Nachsicht) - **sain,e** ≠ malade; *ici:* de bon sens - 17 **en dire autant** dire la même chose - 20 **ému,e** touché (→ émouvoir) - 22 **épouser qn** se marier avec qn - 28 **un événement** un fait particulier (Ereignis)

Serge, seul.

SERGE Pour moi, il n'est pas blanc.
Quand je dis pour moi, je veux dire objectivement.
Objectivement, il n'est pas blanc.
Il a un fond blanc, avec toute une peinture dans les gris …
Il y a même du rouge.
On peut dire qu'il est très pâle.
Il serait blanc, il ne me plairait pas.
Marc le voit blanc … C'est sa limite … Marc le voit blanc parce qu'il s'est enferré dans l'idée qu'il était blanc.
Yvan, non. Yvan voit qu'il n'est pas blanc.
Marc peut penser ce qu'il veut, je l'emmerde.

Marc, seul.

MARC J'aurais dû prendre Ignatia, manifestement.
Pourquoi faut-il que je sois tellement catégorique ?!
Qu'est-ce que ça peut me faire, au fond, que Serge se laisse berner par l'Art contemporain ? …
Si, c'est grave. Mais j'aurais pu le lui dire autrement.
Trouver un ton plus conciliant.
Si je ne supporte pas, physiquement, que mon meilleur ami achète un tableau blanc, je dois au contraire éviter de l'agresser.
Je dois lui parler gentiment.
Dorénavant, je vais lui dire gentiment les choses …

Chez Serge.

SERGE Tu es prêt à rire ?
MARC Dis.
SERGE Yvan a aimé l'Antrios.
MARC Où est-il ?
SERGE Yvan ?
MARC L'Antrios.

7 **pâle** presque blanc - 8 **Il serait** … S'il était … - 10 **s'enferrer dans qc** sich auf etwas versteifen - 13 **je l'emmerde** *pop* er kann mich mal - 15 **manifestement** sans aucun doute - 17 **au fond** im Grunde genommen - 18 **berner** *fam* tromper - 20 **conciliant,e** qui cherche à éviter les conflits (→ un réconciliateur) - 25 **dorénavant** à partir de maintenant / à l'avenir

SERGE Tu veux le revoir ?

MARC Montre-le.

SERGE Je savais que tu y viendrais ! … *(Il part et revient avec le tableau. Un petit silence de contemplation.)* Yvan a capté. Tout de suite.

MARC Hun, hun …

SERGE Bon, écoute, on ne va pas s'appesantir sur cette œuvre, la vie est brève … Au fait as-tu lu ça ? *(Il se saisit de la* Vie heureuse *de Sénèque et le jette sur la table basse juste devant Marc.)* Lis-le, chef-d'œuvre.

Marc prend le livre, l'ouvre et le feuillette.

SERGE Modernissime. Tu lis ça tu n'as plus besoin de lire autre chose. Entre le cabinet, l'hôpital, Françoise qui a décrété que je devais voir les enfants tous les week-ends – nouveauté de Françoise, les enfants ont besoin de leur père – je n'ai plus le temps de lire. Je suis obligé d'aller à l'essentiel.

MARC … Comme en peinture finalement … Où tu as avantageusement éliminé forme et couleur. Ces deux scories.

SERGE Oui … Encore que je puisse aussi apprécier une peinture plus figurative. Par exemple ton hypo-flamand. Très agréable.

MARC Qu'est-ce qu'il a de flamand ? C'est une vue de Carcassonne.

SERGE Oui, mais enfin … il a un petit goût flamand … la fenêtre, la vue, le … peu importe, il est très joli.

MARC Il ne vaut rien, tu sais.

SERGE Ça, on s'en fout ! … D'ailleurs, Dieu seul sait combien vaudra un jour l'Antrios ! …

MARC … Tu sais, j'ai réfléchi. J'ai réfléchi et j'ai changé de point de vue. L'autre jour en conduisant dans Paris, je pensais à toi et je me suis dit : Est-ce qu'il n'y a pas, au fond, une véritable poésie dans l'acte de Serge ? … Est-ce que s'être livré à cet achat incohérent n'est pas un acte hautement poétique ?

SERGE Comme tu es doux aujourd'hui ! Je ne te reconnais pas. Tu as pris un petit ton suave, subalterne, qui ne te va pas du tout d'ailleurs.

5 **la contemplation** l'observation attentive - **capter** *ici:* comprendre - 7 **s'appesantir sur qc** trop parler de qc - 10 **un chef-d'œuvre** Meisterwerk - 11 **feuilleter (un livre)** tourner ses pages rapidement - 12 **modernissime** très moderne - 13 **un cabinet** la pièce où le médecin examine ses patients - **décréter** décider avec autorité - 16 **l'essentiel** *m* le plus important - 18 **les scories** *f* Schlacke - 20 **hypo-flamand,e** *ici:* pseudoflämisch - 30 **se livrer à qc** se laisser aller à (faire) qc - 31 **incohérent,e** incompréhensible / illogique - 32 **suave** einschmeichelnd - **subalterne** untergeben; *ici:* unterwürfig

MARC Non, non, je t'assure, je fais amende honorable.

SERGE Amende honorable pourquoi ?

MARC Je suis trop épidermique, je suis trop nerveux, je vois les choses au premier degré ... je manque de sagesse, si tu veux.

SERGE Lis Sénèque.

MARC Tiens. Tu vois, par exemple là, tu me dis « lis Sénèque » et ça pourrait m'exaspérer. Je serais capable d'être exaspéré par le fait que toi, dans cette conversation, tu me dises « lis Sénèque ». C'est absurde !

SERGE Non. Non, ce n'est pas absurde.

MARC Ah bon ?!

SERGE Non, parce que tu crois déceler ...

MARC Je n'ai pas dit que j'étais exaspéré ...

SERGE Tu as dit que tu pourrais ...

MARC Oui, oui, que je pourrais ...

SERGE Que tu pourrais être exaspéré, et je le comprends. Parce que dans le « lis Sénèque », tu crois déceler une suffisance de ma part. Tu me dis que tu manques de sagesse et moi je te réponds « lis Sénèque », c'est odieux !

MARC N'est-ce pas !

SERGE Ceci dit, c'est vrai que tu manques de sagesse, car je n'ai pas dit « *lis* Sénèque » mais « lis *Sénèque* !».

MARC C'est juste. C'est juste.

SERGE En fait, tu manques d'humour, tout bêtement.

MARC Sûrement.

SERGE Tu manques d'humour Marc. Tu manques d'humour pour de vrai mon vieux. On est tombé d'accord là-dessus avec Yvan l'autre jour, tu manques d'humour. Qu'est-ce qu'il fout celui-là ? Incapable d'être à l'heure, c'est infernal ! On a raté la séance !

MARC ... Yvan trouve que je manque d'humour ? ...

SERGE Yvan dit comme moi, que ces derniers temps, tu manques un peu d'humour.

MARC La dernière fois que vous vous êtes vus, Yvan t'a dit qu'il aimait beaucoup ton tableau et que je manquais d'humour ...

1 **faire amende honorable** reconnaître ses torts/demander pardon - 3 **épidermique** vite énervé - 4 **la sagesse** le fait d'être raisonnable - 7 **exaspérer** irriter, énerver - 12 **déceler** découvrir - 19 **odieux, -euse** insupportable - 24 **tout bêtement** tout simplement - 27 **pour de vrai** vraiment - 29 **infernal,e** → l'enfer; *ici:* insupportable - 30 **rater la séance** *au cinéma:* rater le début du film

SERGE Ah oui, oui, ça, le tableau, beaucoup, vraiment. Et sincèrement … Qu'est-ce que tu manges ?

MARC Ignatia.

SERGE Tu crois à l'homéopathie maintenant ?

MARC Je ne crois à rien.

SERGE Tu ne trouves pas qu'Yvan a beaucoup maigri ?

MARC Elle aussi.

SERGE Ça les ronge ce mariage.

MARC Oui.

Ils rient.

SERGE Paula, ça va ?

MARC Ça va. *(Désignant l'Antrios.)* Tu vas le mettre où ?

SERGE Pas décidé encore. Là. Là ? … Trop ostentatoire.

MARC Tu vas l'encadrer ?

SERGE *(riant gentiment)* Non ! … Non, non …

MARC Pourquoi ?

SERGE Ça ne s'encadre pas.

MARC Ah bon ?

SERGE Volonté de l'artiste. Ça ne doit pas être arrêté. Il y a un entourage … *(Il fait signe à Marc de venir observer la tranche.)* Viens voir … Tu vois …

MARC C'est du sparadrap ?

SERGE Non, c'est une sorte de kraft … Confectionné par l'artiste.

MARC C'est amusant que tu dises l'artiste.

SERGE Tu veux que je dise quoi ?

MARC Tu dis l'artiste, tu pourrais dire le peintre ou … comment il s'appelle … Antrios …

SERGE Oui …?

MARC Tu dis l'artiste comme une sorte de … enfin bref, ça n'a pas d'importance. Qu'est-ce qu'on voit ? Essayons de voir quelque chose de consistant pour une fois.

SERGE Il est huit heures. On a raté toutes les séances. C'est inimaginable que ce garçon – il n'a rien à foutre, tu es d'accord – soit continuellement en retard ! Qu'est-ce qu'il fout ?!

MARC Allons dîner.

6 **maigrir** perdre des kilos - 8 **ronger** (an etw/jdn) nagen - 13 **ostentatoire** ≠ discret - 14 **encadrer qc** mettre un *cadre* (Rahmen) autour de qc - 19 **un entourage** *ici:* Umrandung - 20 **la tranche** *ici:* Kante - 22 **le sparadrap** Pflaster - 23 **le kraft** une sorte de papier très résistant - **confectionner** faire / fabriquer - 31 **consistant,e** gehaltvoll - 32 **inimaginable** incroyable

SERGE Oui. Huit heures cinq. On avait rendez-vous entre sept et sept heures et demie … Tu voulais dire quoi ? Je dis l'artiste comme quoi ?

MARC Rien. J'allais dire une connerie.

SERGE Non, non, dis.

MARC Tu dis l'artiste comme une … comme une entité intouchable. L'artiste … Une sorte de divinité …

SERGE *(Il rit.)* Mais pour moi, c'est une divinité ! Tu ne crois pas que j'aurais claqué cette fortune pour un vulgaire mortel ! …

MARC Bien sûr.

SERGE Lundi, je suis allé à Beaubourg, tu sais combien il y a d'Antrios à Beaubourg ? … Trois ! Trois Antrios ! … A Beaubourg !

MARC Epatant.

SERGE Et le mien n'est pas moins beau ! … Ecoute, je te propose quelque chose, si Yvan n'est pas là dans exactement trois minutes, on fout le camp. J'ai découvert un excellent lyonnais.

MARC Pourquoi tu es à cran comme ça ?

SERGE Je ne suis pas à cran.

MARC Si, tu es à cran.

SERGE Je ne suis pas à cran, enfin si, je suis à cran parce que c'est inadmissible ce laxisme, cette incapacité à la contrainte !

MARC En fait, je t'énerve et tu te venges sur le pauvre Yvan.

SERGE Le pauvre Yvan, tu te fous de moi ! Tu ne m'énerves pas, pourquoi tu m'énerverais ?

SERGE Il m'énerve. C'est vrai. Il m'énerve. Il a un petit ton douceâtre. Un petit sourire entendu derrière chaque mot.
On a l'impression qu'il s'efforce de rester aimable. Ne reste pas aimable, mon petit vieux ! Ne reste pas aimable. Surtout !
Serait-ce l'achat de l'Antrios ? … L'achat de l'Antrios qui aurait déclenché cette gêne entre nous ? …
Un achat … qui n'aurait pas eu sa caution ? …
Mais je me fous de sa caution ! Je me fous de ta caution, Marc !

6 **une entité** un être (Wesenheit) - **intouchable** *ici:* qu'on ne peut pas critiquer - 7 **une divinité** un dieu - 9 **claquer** *ici: fam* dépenser - **un mortel** une personne ordinaire (→ la mort) - 13 **épatant,e** merveilleux, très bien - 16 **un lyonnais** *ici:* un restaurant où l'on sert des spécialités de Lyon - 17 **être à cran** gereizt sein - 19 **inadmissible** qu'on ne peut pas tolérer - **le laxisme** Laxheit - **la contrainte** *ici:* le fait de se forcer à (faire) qc - 22 **se venger** sich rächen - 25 **douceâtre** désagréablement doux - 26 **entendu,e** *ici:* wissend - 30 **déclencher** causer - 31 **une caution** *ici:* Billigung

MARC Serait-ce l'Antrios, l'achat de l'Antrios ? ...
Non – Le mal vient de plus loin ...
Il vient très précisément de ce jour où tu as prononcé, sans humour, parlant d'un objet d'art, le mot *déconstruction.*
Ce n'est pas tant le terme de déconstruction qui m'a bouleversé que la gravité avec laquelle tu l'as proféré.
Tu as dit sérieusement, sans distance, sans un soupçon d'ironie, le mot *déconstruction,* toi, mon ami.
Ne sachant comment affronter cette situation j'ai lancé que je devenais misanthrope et tu m'as rétorqué, mais qui es-tu ? D'où parles-tu ? ...
D'où es-tu en mesure de t'exclure des autres ? m'a rétorqué Serge de la manière la plus infernale. Et la plus inattendue de sa part ... Qui es-tu mon petit Marc pour t'estimer supérieur ? ...
Ce jour-là, j'aurais dû lui envoyer mon poing dans la gueule.
Et lorsqu'il aurait été gisant au sol, moitié mort, lui dire, et toi, qui es-tu comme ami, quelle sorte d'ami es-tu Serge, qui n'estime pas son ami supérieur ?

Chez Serge.
Marc et Serge, comme on les a laissés.

MARC Un lyonnais, tu as dit. Lourd, non ? Un peu gras, saucisses ... tu crois ?

On sonne à la porte.

SERGE Huit heures douze.

Serge va ouvrir à Yvan. Yvan pénètre en parlant dans la pièce.

YVAN Alors dramatique, problème insoluble, dramatique, les deux belles-mères veulent figurer sur le carton d'invitation. Catherine adore sa belle-mère qui l'a quasiment élevée, elle la veut sur le carton, elle la veut, la belle-mère n'envisage pas, et c'est normal, la mère est morte, de ne pas figurer à côté du père, moi je hais la mienne, il est hors de question que ma belle-mère

4 **la déconstruction** une tendance de l'art moderne (Dekonstruktion) - 5 **ce n'est pas tant ... que ...** es ist weniger ... als vielmehr - 6 **proférer qc** dire qc (avec emphase) - 7 **un soupçon de qc** un petit peu de qc - 9 **affronter qc/qn** faire face à qc/qn - 10 **(un,e) misanthrope** (qn) qui n'aime pas les gens (Menschenfeind) - **rétorquer** répondre - 12 **être en mesure de faire qc** être capable de faire qc - 15 **le poing** Faust - **la gueule** *pop* le visage - 16 **gisant,e** étendu (par terre) - 25 **pénétrer** entrer - 26 **insoluble** qui n'a pas de solution - 27 **figurer** *ici:* être mentionné / nommé - 29 **envisager (de faire) qc** avoir l'intention de faire qc - 31 **il est hors de question** es kommt nicht in Frage

figure sur ce carton, mon père ne veut pas y être si elle n'y est pas, à moins que la belle-mère de Catherine n'y soit pas non plus, ce qui est rigoureusement impossible, j'ai suggéré qu'aucun parent n'y soit, après tout nous n'avons plus vingt ans, nous pouvons présenter notre union et inviter les gens nous-mêmes, Catherine a hurlé, arguant que c'était une gifle pour ses parents qui payaient, prix d'or, la réception et spécifiquement pour sa belle-mère qui s'était donné tant de mal alors qu'elle n'était même pas sa fille, je finis par me laisser convaincre, totalement contre mon gré mais par épuisement, j'accepte donc que ma belle-mère que je hais, qui est une salope, figure sur le carton, je téléphone à ma mère pour la prévenir, je lui dis maman, j'ai tout fait pour éviter ça mais nous ne pouvons pas faire autrement, Yvonne doit figurer sur le carton, elle me répond si Yvonne figure sur le carton, je ne veux pas y être, je lui dis maman, je t'en supplie n'envenime pas les choses, elle me dit comment oses-tu me proposer que mon nom flotte, solitaire sur le papier, comme celui d'une femme abandonnée, au-dessous de celui d'Yvonne solidement amarré au patronyme de ton père, je lui dis maman, des amis m'attendent, je vais raccrocher, nous parlerons de tout ça demain à tête reposée, elle me dit et pourquoi je suis toujours la dernière roue du carrosse, comment ça maman, tu n'es pas la dernière roue du carrosse, bien sûr que si, quand tu me dis n'envenime pas les choses, ça veut bien dire que les choses sont déjà là, tout s'organise sans moi, tout se trame derrière mon dos, la brave Huguette doit dire amen à tout et j'ajoute, me dit-elle – le clou –, pour un événement dont je n'ai pas encore saisi l'urgence, maman, des amis m'attendent, oui, oui, tu as toujours mieux à faire tout est plus important que moi, au revoir, elle raccroche, Catherine, qui était à côté de moi, mais qui ne l'avait pas entendue, me dit, qu'est-ce qu'elle dit, je lui dis, elle ne veut pas être sur le carton avec Yvonne et c'est normal, je ne parle pas de ça,

2 **à moins que** sauf si - 3 **rigoureusement** absolument - 4 **suggérer** proposer - 6 **hurler** crier - **arguer que …** avancer comme argument que … - 7 **une gifle** Ohrfeige - 10 **contre le gré de qn** bien que qn ne le veuille pas - **l'épuisement** *m* la grande fatigue - 11 **une salope** *pop* Schlampe - 16 **supplier qn** lui demander avec insistance (de faire qc) - **envenimer les choses** rendre une situation plus compliquée - 18 **flotter** *ici:* schweben - **solitaire** seul - 20 **amarrer** lier, attacher - **le patronyme** le nom de famille - 23 **la dernière roue du carrosse** das fünfte Rad am Wagen - 26 **se tramer** être fait en secret

qu'est-ce qu'elle dit sur le mariage, rien, tu mens, mais non Cathy je te jure, elle ne veut pas être sur le carton avec Yvonne, rappelle-la et dis-lui que quand on marie son fils, on met son amour-propre de côté, tu pourrais dire la même chose à ta belle-mère, ça n'a rien à voir, s'écrie Catherine, c'est moi, moi qui tiens absolument à sa présence, pas elle, la pauvre, la délicatesse même, si elle savait les problèmes que ça engendre, elle me supplierait de ne pas être sur le carton, rappelle ta mère, je la rappelle, en surtension, Catherine à l'écouteur, Yvan, me dit ma mère, tu as jusqu'à présent mené ta barque de la manière la plus chaotique qui soit et parce que, subitement, tu entreprends de développer une activité conjugale, je me trouve dans l'obligation de passer un après-midi et une soirée avec ton père, un homme que je ne vois plus depuis dix-sept ans et à qui je ne comptais pas exposer mes bajoues et mon embonpoint, et avec Yvonne qui, je te le signale en passant, a trouvé moyen, je l'ai su par Félix Perolari, de se mettre au bridge – ma mère aussi joue au bridge – tout ça je ne peux pas l'éviter, mais le carton, l'objet par excellence, que tout le monde va recevoir et étudier, j'entends m'y pavaner seule, à l'écouteur, Catherine secoue la tête avec un rictus de dégoût, je dis maman, pourquoi es-tu si égoïste, je ne suis pas égoïste, je ne suis pas égoïste Yvan, tu ne vas pas t'y mettre toi aussi et me dire comme madame Roméro ce matin que j'ai un cœur de pierre, que dans la famille, nous avons tous une pierre à la place du cœur, dixit madame Roméro ce matin parce que j'ai refusé – elle est devenue complètement folle – de la passer à soixante francs de l'heure non déclarée, et qui trouve le moyen de me dire que nous avons tous une pierre à la place du cœur dans la famille, quand on vient de mettre un pace maker au pauvre André, à qui tu n'as même pas envoyé un petit mot, oui bien sûr c'est drôle, toi tout te fait rire, ce n'est pas moi qui suis égoïste Yvan, tu as encore beaucoup de choses à apprendre de la vie, allez mon petit, file, file rejoindre tes chers amis …

4 **l'amour-propre** *m* Selbstachtung - 8 **engendrer** causer / provoquer -10 **la surtension** Überspannung - **un écouteur** (zusätzl.) Telefonhörer - 11 **mener sa barque** *fam* organiser sa vie - 11 **entreprendre (de faire) qc** vouloir faire qc - 12 **conjugal,e** qui concerne le couple marié - 15 **compter faire qc** avoir l'intention de faire qc - **une bajoue** Hängebacke - **l'embonpoint** *m* la corpulence - 20 **se pavaner** se montrer avec fierté - 21 **un rictus** une grimace - **le dégoût** Abscheu / Ekel - 25 **dixit X** *lat* c'est ce que X a dit - 30 **un pace maker** *angl* Herzschrittmacher - 33 **filer** *fam* s'en aller

Silence.

SERGE Et alors ? …

YVAN Et alors, rien. Rien n'est résolu. J'ai raccroché. Minidrame avec Catherine. Ecourté parce que j'étais en retard.

MARC Pourquoi tu te laisses emmerder par toutes ces bonnes femmes ?

YVAN Mais pourquoi je me laisse emmerder, je n'en sais rien !
Elles sont folles !

SERGE Tu as maigri.

YVAN Bien sûr. J'ai perdu quatre kilos. Uniquement par angoisse …
La Vie heureuse, voilà ce qu'il me faut !
Il dit quoi, lui ?

MARC Chef-d'œuvre.

YVAN Ah bon ? …

SERGE Il ne l'a pas lu.

YVAN Ah bon !

MARC Non, mais Serge m'a dit chef-d'œuvre tout à l'heure.

SERGE J'ai dit chef-d'œuvre parce que c'est un chef-d'œuvre.

MARC Oui, oui.

SERGE C'est un chef-d'œuvre.

MARC Pourquoi tu prends la mouche ?

SERGE Tu as l'air d'insinuer que je dis chef-d'œuvre à tout bout de champ.

MARC Pas du tout …

SERGE Tu dis ça avec une sorte de ton narquois …

MARC Mais pas du tout !

SERGE Si, si, chef-d'œuvre avec un ton …

MARC Mais il est fou ! Pas du tout ! … Par contre, tu as dit, tu as ajouté le mot modernissime.

SERGE Oui. Et alors ?

MARC Tu as dit modernissime, comme si moderne était le nec plus ultra du compliment. Comme si parlant d'une chose, on ne pouvait pas dire plus haut, plus définitivement haut que moderne.

SERGE Et alors ?

MARC Et alors, rien.
Et je n'ai pas fait mention du « issime », tu as remarqué …
Modern-« issime » …!

4 **écourter** rendre plus court - 21 **prendre la mouche** se mettre en colère - 22 **insinuer qc** dire qc indirectement - **à tout bout de champ** *fam* tout le temps - 25 **narquois,e** ironique -31 **le nec plus ultra** *lat* le meilleur

SERGE Tu me cherches aujourd'hui.
MARC Non ...
YVAN Vous n'allez pas vous engueuler, ce serait le comble !
SERGE Tu ne trouves pas extraordinaire qu'un homme qui a écrit il y a presque deux mille ans soit toujours d'actualité ?
MARC Si. Si, si. C'est le propre des classiques.
SERGE Question de mots.
YVAN Alors qu'est-ce qu'on fait ? Le cinéma, c'est foutu j'imagine, désolé. On va dîner ?
MARC Serge m'a dit que tu étais très sensible à son tableau.
YVAN Oui ... Je suis assez sensible à ce tableau, oui ... Pas toi, je sais.
MARC Non. Allons dîner. Serge connaît un lyonnais succulent.
SERGE Tu trouves ça trop gras.
MARC Je trouve ça un peu gras mais je veux bien essayer.
SERGE Mais non, si tu trouves ça trop gras, on va ailleurs.
MARC Non, je veux bien essayer.
SERGE On va dans ce restaurant si ça vous fait plaisir. Sinon on n'y va pas ! *(A Yvan)* Tu veux manger lyonnais, toi ?
YVAN Moi je fais ce que vous voulez.
MARC Lui, il fait ce qu'on veut, il fait toujours ce qu'on veut, lui.
YVAN Mais qu'est-ce que vous avez tous les deux, vous êtes vraiment bizarres !
SERGE Il a raison, tu pourrais un jour avoir une opinion à toi.
YVAN Ecoutez les amis, si vous comptez me prendre comme tête de Turc, moi je me tire ! J'ai assez enduré aujourd'hui.
MARC Un peu d'humour, Yvan.
YVAN Hein?
MARC Un peu d'humour, vieux.
YVAN Un peu d'humour ? Je ne vois pas ce qu'il y a de drôle. Un peu d'humour, tu es marrant.
MARC Je trouve que tu manques un peu d'humour ces derniers temps. Méfie-toi, regarde-moi !
YVAN Qu'est-ce que tu as ?
MARC Tu ne trouves pas que je manque aussi un peu d'humour ces derniers temps ?
YVAN Ah bon ?!

1 **chercher qn** *ici: fam* provoquer qn - 3 **s'engueuler** *pop* se disputer - **c'est le comble!** das ist das Letzte! - 6 **le propre** la caractéristique - 8 **c'est foutu** *pop* c'est raté - 9 **être désolé,e** regretter - 12 **succulent,e** délicieux / excellent - 24 **une tête de Turc** Prügelknabe - 25 **se tirer** *fam* s'en aller - **endurer** supporter - 30 **marrant,e** *fam* drôle - 32 **se méfier** faire attention

SERGE Bon, ça suffit, prenons une décision. Pour dire la vérité, je n'ai même pas faim.

YVAN Vous êtes vraiment sinistres ce soir ! …

SERGE Tu veux que je te donne mon point de vue sur tes histoires de bonnes femmes ?

YVAN Donne.

SERGE La plus hystérique de toutes, à mes yeux, est Catherine. De loin.

MARC C'est évident.

SERGE Et si tu te laisses emmerder par elle dès maintenant, tu te prépares un avenir effroyable.

YVAN Qu'est-ce que je peux faire ?

MARC Annule.

YVAN Annuler le mariage ?!

SERGE Il a raison.

YVAN Mais je ne peux pas, vous êtes cinglés !

MARC Pourquoi ?

YVAN Mais parce que je ne peux pas, voyons ! Tout est organisé. Je suis dans la papeterie depuis un mois …

MARC Quel rapport ?

YVAN La papeterie est à son oncle, qui n'avait absolument pas besoin d'engager qui que ce soit, encore moins un type qui n'a travaillé que dans le tissu.

SERGE Tu fais ce que tu veux. Moi je t'ai donné mon avis.

YVAN Excuse-moi Serge, sans vouloir te blesser, tu n'es pas l'homme dont j'écouterais spécifiquement les conseils matrimoniaux. On ne peut pas dire que ta vie soit une grande réussite dans ce domaine …

SERGE Justement.

YVAN Je ne peux pas résilier ce mariage. Je sais que Catherine est hystérique mais elle a des qualités. Elle a des qualités qui sont prépondérantes quand on épouse un garçon comme moi …
(Désignant l'Antrios.) Tu vas le mettre où ?

SERGE Je ne sais pas encore.

YVAN Pourquoi tu ne le mets pas là ?

SERGE Parce que là, il est écrasé par la lumière du jour.

3 **sinistre** ≠ gai / joyeux (düster) - 10 **effroyable** terrible - 12 **annuler qc** rendre qc sans valeur (→ nul); *ici:* rückgängig machen - 15 **cinglé,e** *fam* fou - 21 **engager** *ici:* embaucher (anstellen) - 25 **matrimonial,e** qui concerne le mariage - 29 **résilier** annuler - 31 **prépondérant,e** plus important que toute autre chose - 36 **écraser** erdrücken

YVAN Ah oui.
J'ai pensé à toi aujourd'hui, au magasin, on a reproduit cinq cents affiches d'un type qui peint des fleurs blanches, complètement blanches, sur un fond blanc.

SERGE L'Antrios n'est pas blanc.

YVAN Non, bien sûr. Mais c'est pour dire.

MARC Tu trouves que ce tableau n'est pas blanc, Yvan ?

YVAN Pas tout à fait, non …

MARC Ah bon. Et tu vois quoi comme couleur ? …

YVAN Je vois des couleurs … Je vois du jaune, du gris, des lignes un peu ocre …

MARC Et tu es ému par ces couleurs.

YVAN Oui … je suis ému par ces couleurs.

MARC Yvan, tu n'as pas de consistance. Tu es un être hybride et flasque.

SERGE Pourquoi tu es agressif avec Yvan comme ça ?

MARC Parce que c'est un petit courtisan, servile, bluffé par le fric, bluffé par ce qu'il croit être la culture, culture que je vomis définitivement d'ailleurs.

Un petit silence.

SERGE … Qu'est-ce qui te prend ?

MARC *(à Yvan)* Comment peux-tu, Yvan ? … Devant moi. Devant moi, Yvan.

YVAN Devant toi, quoi ? … Devant toi, quoi ? …
Ces couleurs me touchent. Oui. Ne t'en déplaise.
Et cesse de vouloir tout régenter.

MARC Comment peux-tu dire, devant moi, que ces couleurs te touchent ? …

YVAN Parce que c'est la vérité.

MARC La vérité ? Ces couleurs te touchent ?

YVAN Oui. Ces couleurs me touchent.

MARC Ces couleurs te touchent, Yvan ?!

SERGE Ces couleurs le touchent ! Il a le droit !

MARC Non, il n'a pas le droit.

SERGE Comment, il n'a pas le droit ?

3 **une affiche** Plakat - 11 **ocre** ockerfarben - 14 **la consistance** *ici:* le fait d'avoir du caractère - **hybride** zwitterhaft - 15 **flasque** mou, ≠ dur - 17 **un courtisan** qn qui cherche à plaire aux autres - **servile** qui se comporte comme une personne de rang inférieur - **bluffer** [blœfe] *fam* tromper (→ le bluff) - **le fric** *fam* l'argent - 18 **vomir** s. übergeben; *ici:* rejeter violemment - 25 **ne t'en déplaise** que cela te plaise ou non - 26 **régenter** diriger avec autorité (→ un régent)

MARC Il n'a pas le droit.

YVAN Je n'ai pas le droit ?! …

MARC Non.

SERGE Pourquoi, il n'a pas le droit ? Tu sais que tu n'es pas bien en ce moment, tu devrais consulter.

MARC Il n'a pas le droit de dire que ces couleurs le touchent, parce que c'est faux.

YVAN Ces couleurs ne me touchent pas ?!

MARC Il n'y a pas de couleurs. Tu ne les vois pas. Et elles ne te touchent pas.

YVAN Parle pour toi !

MARC Quel avilissement, Yvan ! …

SERGE Mais qui es-tu, Marc ?!
Qui es-tu pour imposer ta loi ? Un type qui n'aime rien, qui méprise tout le monde, qui met son point d'honneur à ne pas être un homme de son temps …

MARC Qu'est-ce que ça veut dire être un homme de son temps?

YVAN Ciao. Moi, je m'en vais.

SERGE Où tu vas ?

YVAN Je m'en vais. Je ne vois pas pourquoi je dois supporter vos vapeurs.

SERGE Reste ! Tu ne vas pas commencer à te draper … Si tu t'en vas, tu lui donnes raison.
(Yvan se tient, hésitant, à cheval entre deux décisions.)
Un homme de son temps est un homme qui vit dans son temps.

MARC Quelle connerie. Comment un homme peut vivre dans un autre temps que le sien ? Explique-moi.

SERGE Un homme de son temps, c'est quelqu'un dont on pourra dire dans vingt ans, dans cent ans, qu'il est représentatif de son époque.

MARC Hun, hun.
Et pour quoi faire ?

SERGE Comment pour quoi faire ?

MARC A quoi me sert qu'on dise de moi un jour, il a été représentatif de son époque ?

5 **consulter (un médecin)** aller chez le docteur - 12 **l'avilissement** *m* Erniedrigung - 14 **imposer qc (à qn)** faire accepter qc de façon autoritaire - 18 **ciao** [tʃao] *ital* au revoir - 21 **les vapeurs** *f* Dämpfe; *ici:* Hirngespinst - 22 **se draper (dans sa dignité)** *litt* sich in beleidigtes Schweigen hüllen - 24 **être à cheval sur/entre (deux choses)** unentschieden zwischen zwei Sachen stehen

SERGE Mais mon vieux, ce n'est pas de toi dont il s'agit, mon pauvre vieux ! Toi, on s'en fout ! Un homme de son temps, comme je te le signale, la plupart de ceux que tu apprécies, est un apport pour l'humanité ... Un homme de son temps n'arrête pas l'histoire de la peinture à une vue hypo-flamande de Cavaillon ...

MARC Carcassonne.

SERGE Oui, c'est pareil. Un homme de son temps participe à la dynamique intrinsèque de l'évolution ...

MARC Et ça c'est bien, d'après toi.

SERGE Ce n'est ni bien ni mal – pourquoi veux-tu moraliser ? – c'est dans la nature des choses.

MARC Toi par exemple, tu participes à la dynamique intrinsèque de l'évolution.

SERGE Oui.

MARC Et Yvan ? ...

YVAN Mais non. Un être hybride ne participe à rien.

SERGE Yvan, à sa manière, est un homme de son temps.

MARC Et tu vois ça à quoi chez lui ? Pas à la croûte qu'il a au-dessus de sa cheminée !

YVAN Ce n'est pas du tout une croûte !

SERGE Si, c'est une croûte.

YVAN Mais non !

SERGE Peu importe. Yvan est représentatif d'un certain mode de vie, de pensée qui est tout à fait contemporain. Comme toi d'ailleurs. Tu es typiquement, je suis navré, un homme de ton temps. Et en réalité, plus tu souhaites ne pas l'être, plus tu l'es.

MARC Alors tout va bien. Où est le problème ?

SERGE Le problème est uniquement pour toi, qui mets ton point d'honneur à vouloir t'exclure du cercle des humains. Et qui ne peux y parvenir. Tu es comme dans les sables mouvants, plus tu cherches à t'extraire, plus tu t'enfonces. Présente tes excuses à Yvan.

MARC Yvan est un lâche.

Sur ces mots, Yvan prend sa décision : il sort précipitamment. Un léger temps.

3 **un apport** un enrichissement / un avantage (→ apporter) - 9 **intrinsèque de qc** qui fait partie de qc - 24 **Peu importe.** Cela n'a pas d'importance. - 26 **être navré,e** *ici:* regretter - 32 **les sables mouvants** Treibsand - 33 **s'extraire** sortir (avec difficulté) - **s'enfoncer** versinken - 36 **précipitamment** brusquement / très vite

SERGE Bravo.

Silence.

MARC On ferait mieux de ne pas se voir du tout ce soir … non ? … Je ferais mieux de partir aussi …

SERGE Possible …

MARC Bon …

SERGE C'est toi qui es lâche … Tu t'attaques à un garçon qui est incapable de se défendre … Tu le sais très bien.

MARC Tu as raison … Tu as raison et ce que tu viens de dire ajoute à mon effondrement … Tu vois, subitement, je ne comprends plus, je ne sais plus ce qui me relie à Yvan … Je ne comprends plus de quoi ma relation est faite avec ce garçon.

SERGE Yvan a toujours été ce qu'il est.

MARC Non. Il avait une folie, il avait une incongruité … Il était fragile mais il était désarmant par sa folie …

SERGE Et moi ?

MARC Toi quoi ?

SERGE Tu sais ce qui te relie à moi ? …

MARC … Une question qui pourrait nous entraîner assez loin …

SERGE Allons-y.

Court silence.

MARC Ça m'ennuie d'avoir fait de la peine à Yvan.

SERGE Ah ! Enfin une parole légèrement humaine dans ta bouche … D'autant que la croûte qu'il a au-dessus de sa cheminée, je crains que ce ne soit son père qui l'ait peinte.

MARC Ah bon ? Merde.

SERGE Oui …

MARC Mais toi aussi tu lui as …

SERGE Oui, oui, mais je m'en suis souvenu en le disant.

MARC Ah, merde …

SERGE Mmm …

Léger temps …

On sonne.

Serge va ouvrir.

Yvan rentre aussitôt dans la pièce et comme précédemment parle à peine arrivé.

10 **l'effondrement** *m* Niedergeschlagenheit - 11 **relier** verbinden - 14 **une incongruité** Unschicklichkeit - 15 **désarmant,e** entwaffnend (→ une arme) - 19 **entraîner** mener, emmener - 24 **d'autant que** umso mehr als - 35 **précédemment** auparavant

YVAN Le retour d'Yvan ! L'ascenseur est occupé, je m'engouffre dans l'escalier et je pense tout en dégringolant, lâche, hybride, sans consistance, je me dis, je reviens avec un flingue, je le bute, il verra si je suis flasque et servile, j'arrive au rez-de-chaussée, je me dis mon petit vieux tu n'as pas fait six ans d'analyse pour finir par buter ton meilleur ami et tu n'as pas fait six ans d'analyse pour ne pas percevoir derrière cette démence verbale un profond mal-être, je réamorce une remontée et je me dis, tout en gravissant les marches du pardon, Marc appelle au secours, je dois le secourir dussé-je en pâtir moi-même … D'ailleurs, l'autre jour, j'ai parlé de vous à Finkelzohn …

SERGE Tu parles de nous à Finkelzohn ?!

YVAN Je parle de tout à Finkelzohn.

SERGE Et pourquoi tu parles de nous ?

MARC Je t'interdis de parler de moi à ce connard.

YVAN Tu ne m'interdis rien.

SERGE Pourquoi tu parles de nous ?

YVAN Je sens que vos relations sont tendues et je voulais que Finkelzohn m'éclaire …

SERGE Et qu'est-ce qu'il a dit ce con ?

YVAN Il a dit quelque chose d'amusant …

MARC Ils donnent leur avis ces gens ?!

YVAN Non, ils ne donnent pas leur avis, mais là il a donné son avis, il a même fait un geste, lui qui ne fait jamais de geste, il a toujours froid, je lui dis, bougez ! …

SERGE Bon alors qu'est-ce qu'il dit ?!

MARC Mais on se fout de ce qu'il dit !

SERGE Qu'est-ce qu'il a dit ?

MARC En quoi ça nous intéresse ?

SERGE Je veux savoir ce que ce con a dit, merde !

YVAN *(Il fouille dans la poche de sa veste.)* Vous voulez savoir ?

Il sort un bout de papier plié.

MARC Tu as pris des notes ?!

YVAN *(le dépliant)* J'ai noté parce que c'est compliqué … Je vous lis ?

1 **s'engouffrer** (dans un lieu) y entrer brutalement - 2 **dégringoler** descendre rapidement - 3 **un flingue** *fam* un revolver - 4 **buter qn** *fam* tuer / assassiner qn - 6 **une analyse** *ici:* une psychanalyse - 8 **la démence** la folie - **réamorcer** *ici:* recommencer - 9 **gravir** monter - 11 **pâtir** *litt* souffrir - 16 **un connard** *pop* un imbécile / un idiot - 20 **éclairer qn** aider qn à comprendre (qc) - 32 **fouiller** chercher (wühlen) - 33 **plier** (zusammen)falten - 35 **déplier** ≠ plier

SERGE Lis.

YVAN « Si je suis moi parce que je suis moi, et si tu es toi parce que tu es toi, je suis moi et tu es toi. Si, en revanche, je suis moi parce que tu es toi, et si tu es toi parce que je suis moi, alors je ne suis pas moi et tu n'es pas toi ... »
Vous comprendrez que j'aie dû l'écrire.

Court silence.

MARC Tu le paies combien ?

YVAN Quatre cent francs la séance, deux fois par semaine.

MARC Joli.

YVAN Et en liquide. Car j'ai appris un truc, tu ne peux pas payer par chèque. Freud a dit, il faut que tu sentes les billets qui foutent le camp.

MARC Tu as de la chance d'être coaché par ce type.

SERGE Ah oui ! ... Et tu seras gentil de nous recopier cette formule.

MARC Oui. Elle nous sera sûrement utile.

YVAN *(repliant soigneusement le papier)* Vous avez tort. C'est très profond.

MARC Si c'est grâce à lui que tu es revenu tendre ton autre joue, tu peux le remercier. Il a fait de toi une lope, mais tu es content, c'est l'essentiel.

YVAN *(à Serge)* Tout ça parce qu'il ne veut pas croire que j'apprécie ton Antrios.

SERGE Je me fous de ce que vous pensez de ce tableau. Toi comme lui.

YVAN Plus je le vois, plus je l'aime, je t'assure.

SERGE Je propose qu'on cesse de parler de ce tableau une bonne fois pour toutes, OK ? C'est une conversation qui ne m'intéresse pas.

MARC Pourquoi tu te blesses comme ça ?

SERGE Je ne me blesse pas, Marc. Vous avez exprimé vos opinions. Bien. Le sujet est clos.

MARC Tu vois que tu le prends mal.

SERGE Je ne le prends pas mal. Je suis fatigué.

MARC Si tu te blesses, ça signifie que tu es suspendu au jugement d'autrui ...

3 **en revanche** cependant / par contre - 9 **une séance** Sitzung - 11 **(payer) en liquide** avec des billets ou de la monnaie - 12 **foutre le camp** *pop* partir / disparaître - 14 **coacher qn** *angl* prendre soin de qn / s'occuper de qn- 17 **soigneusement** avec attention - 20 **une lope** *pop* Waschlappen - 32 **clos,e** fermé; *ici:* terminé - 35 **suspendu,e à** *ici:* dépendant,e de

SERGE Je suis fatigué, Marc. Tout ça est stérile … A vrai dire, je suis au bord de l'ennui avec vous, là, en ce moment.

YVAN Allons dîner !

SERGE Allez-y tous les deux, pourquoi vous n'y allez pas tous les deux ?

YVAN Mais non ! Pour une fois qu'on est tous les trois.

SERGE Ça ne nous réussit pas apparemment.

YVAN Je ne comprends pas ce qui se passe. Calmons-nous. Il n'y a aucune raison de s'engueuler, encore moins pour un tableau.

SERGE Tu as conscience que tu jettes de l'huile sur le feu avec tes « calmons-nous » et tes manières de curé ! C'est nouveau ça ?

YVAN Vous n'arriverez pas à m'entamer.

MARC Tu m'impressionnes. Je vais aller chez ce Finkelzohn ! …

YVAN Tu ne peux pas, il est complet.
Qu'est-ce que tu manges ?

MARC Gelsémium.

YVAN Je suis rentré dans la suite logique des choses, mariage, enfants, mort. Papeterie. Qu'est-ce qui peut m'arriver ?

Mû par une impulsion soudaine, Serge prend l'Antrios et le rapporte où il se trouvait, en dehors de la pièce.
Il revient aussitôt.

MARC Nous ne sommes pas dignes de le regarder …

SERGE Exact.

MARC Ou tu as peur qu'en ma présence, tu finisses par l'observer avec mes yeux …

SERGE Non. Tu sais ce que dit Paul Valéry ? Je vais mettre de l'eau à ton moulin.

MARC Je me fous de ce que dit Paul Valéry.

SERGE Tu n'aimes pas non plus Paul Valéry ?

MARC Ne me cite pas Paul Valéry.

SERGE Mais tu aimais Paul Valéry !

MARC Je me fous de ce que dit Paul Valéry.

SERGE C'est toi qui me l'as fait découvrir. C'est toi-même qui m'as fait découvrir Paul Valéry !

MARC Ne me cite pas Paul Valéry, je me fous de ce que dit Paul Valéry.

7 **apparemment** d'après ce qu'on peut voir - 10 **jeter de l'huile sur le feu** pousser à la dispute - 12 **entamer** *ici:* verunsichern - 19 **mû,e** poussé - **soudain,e** plötzlich - 22 **digne** würdig - 26 **Paul Valéry** écrivain français (1871 - 1945) - **mettre / apporter de l'eau au moulin de qn** avancer des arguments pour soutenir l'opinion de qn

SERGE De quoi tu ne te fous pas ?

MARC Que tu aies acheté ce tableau.
Que tu aies dépensé vingt briques pour cette merde.

YVAN Tu ne vas pas recommencer, Marc !

SERGE Et moi je vais te dire ce dont je ne me fous pas – puisqu'on en est aux confidences, je ne me fous pas de la manière dont tu as suggéré par ton rire et tes insinuations que moi-même je trouvais cette œuvre grotesque. Tu as nié que je pouvais avec sincérité y être attaché. Tu as voulu créer une complicité odieuse entre nous. Et pour reprendre ta formule Marc, c'est ça qui me relie moins à toi ces derniers temps, ce permanent soupçon que tu manifestes.

MARC C'est vrai que je ne peux pas imaginer que tu aimes sincèrement ce tableau.

YVAN Mais pourquoi ?

MARC Parce que j'aime Serge et que je suis incapable d'aimer Serge achetant ce tableau.

SERGE Pourquoi tu dis, achetant, pourquoi tu ne dis pas, aimant ?

MARC Parce que je ne peux pas dire aimant, je ne peux pas croire, aimant.

SERGE Alors, achetant pourquoi, si je n'aime pas ?

MARC C'est toute la question.

SERGE *(à Yvan)* Regarde comme il me répond avec suffisance ! Je joue au con et lui il me répond avec la tranquille bouffissure du sous-entendu ! …
(A Marc) Et tu n'as pas imaginé une seconde, au cas, même improbable, où je puisse aimer vraiment, que je me blesse d'entendre ton avis catégorique, tranchant, complice dans le dégoût ?

MARC Non.

SERGE Quand tu m'as demandé ce que je pensais de Paula – une fille qui m'a soutenu, à moi, pendant tout un dîner, qu'on pouvait guérir la maladie d'Elhers Danlos à l'homéopathie – je ne t'ai pas dit que je la trouvais laide, rugueuse et sans charme. J'aurais pu.

MARC C'est ce que tu penses de Paula ?

SERGE A ton avis ?

6 **une confidence** un secret qu'on raconte à qn- 7 **suggérer** sous-entendre - **une insinuation** une allusion - 9 **la sincérité** le fait de dire ce qu'on pense vraiment - 24 **la bouffissure** *ici:* l'arrogance - 28 **tranchant,e** coupant; *ici:* qui ne tolère aucun avis contraire - 32 **soutenir** *ici:* affirmer / prétendre - 34 **rugueux, -euse** rau

YVAN Mais non, il ne pense pas ça ! On ne peut pas penser ça de Paula !

MARC Réponds-moi.

SERGE Tu vois, tu vois l'effet que ça fait !

MARC Est-ce que tu penses ce que tu viens de dire sur Paula ?

SERGE Au-delà, même.

YVAN Mais non !!

MARC Au-delà, Serge ? Au-delà du rugueux ? Veux-tu m'expliquer l'au-delà du rugueux ? …

SERGE Ah, ah ! Quand ça te touche personnellement, la saveur des mots est plus amère, on dirait ! …

MARC Serge, explique-moi l'au-delà du rugueux …

SERGE Ne prends pas ce ton de givre. Ne serait-ce – je vais te répondre –, ne serait-ce que sa manière de chasser la fumée de cigarette …

MARC Sa manière de chasser la fumée de cigarette …

SERGE Oui. Sa manière de chasser la fumée de cigarette. Un geste qui te paraît à toi insignifiant, un geste anodin, penses-tu, pas du tout, sa manière de chasser la fumée de cigarette est exactement au cœur de sa rugosité.

MARC … Tu me parles de Paula, une femme qui partage ma vie, en ces termes insoutenables, parce que tu désapprouves sa façon de chasser la fumée de cigarette ? …

SERGE Oui. Sa façon de chasser la fumée la condamne sans phrases.

MARC Serge, explique-moi, avant que je ne perde tout contrôle de moi-même. C'est très grave ce que tu es en train de faire.

SERGE N'importe quelle femme dirait, excusez-moi, la fumée me gêne un peu, pourriez-vous déplacer votre cendrier, non, elle, elle ne s'abaisse pas à parler, elle dessine son mépris dans l'air, un geste calculé, d'une lassitude un peu méchante, un mouvement de main qu'elle veut imperceptible et qui sous-entend, fumez, fumez, c'est désespérant mais à quoi bon le relever, et qui fait que tu te demandes si c'est toi ou la cigarette qui l'indispose.

YVAN Tu exagères ! …

10 **la saveur** Geschmack - 11 **amer, -ère** bitter - 13 **le givre** Rauhreif - 18 **anodin,e** sans importance - 20 **la rugosité** → rugueux - 22 **insoutenable** insupportable (→ soutenir) - **désapprouver qc** ne pas être d'accord avec qc - 28 **un cendrier** Aschenbecher - 29 **s'abaisser** sich herablassen (→ bas) - 30 **la lassitude** la fatigue / l'ennui - 31 **imperceptible** qu'on ne peut (presque) pas voir - 33 **relever** *ici:* mentionner, dire - 34 **indisposer qn** gêner qn

SERGE Tu vois, il ne dit pas que j'ai tort, il dit que j'exagère, il ne dit pas que j'ai tort. Sa façon de chasser la fumée de cigarette révèle une nature froide, condescendante et fermée au monde. Ce que tu tends toi-même à devenir. C'est dommage Marc, c'est vraiment dommage que tu sois tombé sur une femme aussi négative …

YVAN Paula n'est pas négative ! …

MARC Retire tout ce que tu viens de dire, Serge.

SERGE Non.

YVAN Mais si ! …

MARC Retire ce que tu viens de dire …

YVAN Retire, retire ! C'est ridicule !

MARC Serge, pour la dernière fois, je te somme de retirer ce que tu viens de dire.

SERGE Un couple aberrant à mes yeux. Un couple de fossiles.

Marc se jette sur Serge.

Yvan se précipite pour s'interposer.

MARC *(à Yvan)* Tire-toi ! …

SERGE *(à Yvan)* Ne t'en mêle pas ! …

S'ensuit une sorte de lutte grotesque, très courte, qui se termine par un coup que prend malencontreusement Yvan.

YVAN Oh merde ! … Oh merde ! …

SERGE Fais voir, fais voir … *(Yvan gémit. Plus que de raison, semble-t-il.)* Mais fais voir ! … C'est rien … Tu n'as rien … Attends … *(Il sort et revient avec une compresse.)* Tiens, mets ça dessus pendant une minute.

YVAN … Vous êtes complètement anormaux tous les deux. Deux garçons normaux qui deviennent complètement cinglés !

MARC Ne t'énerve pas.

YVAN J'ai vraiment mal ! … Si ça se trouve, vous m'avez crevé le tympan ! …

SERGE Mais non.

YVAN Qu'est-ce que tu en sais ? Tu n'es pas oto-rhino ! … Des amis comme vous, des types qui ont fait des études ! …

3 **condescendant,e** herablassend (→ la condescendance) - 13 **sommer qn (de faire qc)** lui donner un ordre - 15 **aberrant,e** fou, absurde - 17 **s'interposer** se placer entre deux personnes (qui se disputent) - 19 **se mêler de qc** sich in etw. einmischen - 20 **s'ensuivre** venir après/être la conséquence - 21 **malencontreux, -euse** à la suite d'un hasard malheureux - 23 **gémir** se plaindre parce qu'on a mal - 30 **si ça se trouve** *fam* peut-être **- crever** *ici:* zum Platzen bringen - 31 **le tympan** Trommelfell - 33 **un oto-rhino(-laryngologiste)** un médecin spécialiste des oreilles, du nez et de la gorge

SERGE Allez, calme-toi.

YVAN Tu ne peux pas démolir quelqu'un parce que tu n'aimes pas sa façon de chasser la fumée de cigarette ! …

SERGE Si.

YVAN Mais enfin, ça n'a aucun sens !

SERGE Qu'est-ce que tu sais du sens de quoi que ce soit ?

YVAN Agresse-moi, agresse-moi encore ! … J'ai peut-être une hémorragie interne, j'ai vu une souris passer ! …

SERGE C'est un rat.

YVAN Un rat !

SERGE Oui, il passe de temps en temps.

YVAN Tu as un rat ?!!

SERGE Ne retire pas la compresse, laisse la compresse.

YVAN Qu'est-ce que vous avez ? … Qu'est-ce qui s'est passé entre vous ? Il s'est passé quelque chose pour que vous soyez devenus déments à ce point ?

SERGE J'ai acheté une œuvre qui ne convient pas à Marc.

YVAN Tu continues ! … Vous êtes dans une spirale tous les deux, vous ne pouvez plus vous arrêter … On dirait moi avec Yvonne. La relation la plus pathologique qui soit !

SERGE Qui est-ce ?

YVAN Ma belle-mère !

SERGE Ça faisait longtemps que tu ne nous en avais pas parlé.

YVAN Elle a appris à nager dans le canal d'Aubervilliers. Ils poussaient les cadavres des rats et l'éclusier leur disait, plongez ! c'etait merveilleux m'a-t-elle dit hier soir chez mon père, on était pauvre et c'était merveilleux ! Du coup, moi je lui ai dit que j'avais appris à nager à quatorze ans avec un gilet de sauvetage et un professeur particulier à Auteuil. J'ai mal, j'ai vraiment mal … je suis sûr que j'ai le tympan crevé.

Un petit silence.

MARC Pourquoi tu ne m'as pas dit tout de suite ce que tu pensais de Paula ?

SERGE Je ne voulais pas te peiner.

MARC Non, non, non …

SERGE Quoi, non, non, non ?

8 **une hémorragie** le fait de perdre son sang - **une souris** Maus - 13 **retirer** *ici:* enlever - 16 **dément,e** fou - 17 **convenir** *ici:* plaire - 20 **pathologique** maladif / anormal - 25 **un éclusier** qn qui s'occupe d'une *écluse* (Schleuse) - 28 **un gilet de sauvetage** une veste qui empêche celui qui la porte de se noyer - 34 **peiner qn** rendre qn triste

MARC Non. Quand je t'ai demandé ce que tu pensais de Paula, tu m'as répondu : Vous vous êtes trouvés.

SERGE Oui ...

MARC Et c'était positif, dans ta bouche.

SERGE Sans doute ...

MARC Si, si. A cette époque, si.

SERGE Bon, qu'est-ce que tu veux prouver ?

MARC Aujourd'hui, le procès que tu fais à Paula, en réalité le mien, penche du mauvais côté.

SERGE ... Comprends pas ...

MARC Mais si, tu comprends.

SERGE Non.

MARC Depuis que je ne peux plus te suivre dans ta furieuse, quoique récente, appétence de nouveauté, je suis devenu « condescendant », « fermé au monde » ... « fossilisé » ...

YVAN Ça me vrille ! ... J'ai une vrille qui m'a traversé le cerveau !

SERGE Tu veux une goutte de cognac ?

YVAN Tu crois ? ... Si j'ai un truc détraqué dans le cerveau, tu ne crois pas que l'alcool est contre-indiqué ? ...

SERGE Tu veux une aspirine ?

YVAN Ne vous occupez pas de moi. Continuez votre conversation absurde, ne vous intéressez pas à moi.

MARC C'est difficile.

YVAN Vous pourriez avoir une oncette de compassion. Non.

SERGE Moi je supporte que tu fréquentes Paula. Je ne t'en veux pas d'être avec Paula.

MARC Tu n'as aucune raison de m'en vouloir.

SERGE Et toi tu as des raisons de m'en vouloir ... tu vois, j'allais dire d'être avec l'Antrios !

MARC Oui.

SERGE ... Quelque chose m'échappe.

MARC Je ne t'ai pas remplacé par Paula.

SERGE Parce que moi, je t'ai remplacé par l'Antrios ?

MARC Oui.

SERGE ... Je t'ai remplacé par l'Antrios ?!

7 **prouver** *ici:* montrer - 9 **pencher** sich neigen - 14 **une appétence** *litt* un besoin, une forte envie - 15 **fossilisé,e** versteinert - 16 **vriller** durchbohren - 17 **une goutte** Tropfen; *ici:* Schluck - 18 **détraqué,e** cassé / déréglé - 19 **contre-indiqué,e** qui ne convient pas; *ici:* dangereux - 24 **une oncette** une très petite quantité - 25 **fréquenter qn** être régulièrement avec qn - 27 **en vouloir à qn** jdn böse sein - 31 **qc m'échappe** il y a qc que je ne comprends pas

MARC Oui. Par l'Antrios … et compagnie.

SERGE *(à Yvan)* Tu comprends ce qu'il dit ? …

YVAN Je m'en fous, vous êtes cinglés.

MARC De mon temps, tu n'aurais jamais acheté cette toile.

SERGE Qu'est-ce que ça signifie, de ton temps ?!

MARC Du temps où tu me distinguais des autres, où tu mesurais les choses à mon aune.

SERGE Il y a eu un temps de cette nature entre nous ?

MARC Comme c'est cruel. Et petit de ta part.

SERGE Non, je t'assure, je suis éberlué.

MARC Si Yvan n'était pas l'être spongieux qu'il est devenu, il me soutiendrait.

YVAN Continue, continue, je t'ai dit, ça glisse.

MARC *(à Serge)* Il fut un temps où tu étais fier de m'avoir pour ami … Tu te félicitais de mon étrangeté, de ma propension à rester hors du coup. Tu aimais exposer ma sauvagerie en société, toi qui vivais si normalement. J'étais ton alibi. Mais … à la longue, il faut croire que cette sorte d'affection se tarit … Sur le tard, tu prends ton autonomie …

SERGE J'apprécie le « sur le tard ».

MARC Et je hais cette autonomie. La violence de cette autonomie. Tu m'abandonnes. Je suis trahi. Tu es un traître pour moi.

Silence.

SERGE *(à Yvan)* … Il était mon mentor, si je comprends bien ! … *(Yvan ne répond pas. Marc le dévisage avec mépris. Léger temps.)*
… Et si moi, je t'aimais en qualité de mentor … toi, de quelle nature était ton sentiment ?

MARC Tu le devines.

SERGE Oui, oui, mais je voudrais te l'entendre dire.

MARC … J'aimais ton regard. J'étais flatté. Je t'ai toujours su gré de me considérer comme à part. J'ai même cru que cet à part était de l'ordre du supérieur jusqu'à ce qu'un jour tu me dises le contraire.

6 **distinguer qn** mettre qn au-dessus des autres - 7 **à l'aune de** selon les (seuls) critères de - 10 **éberlué,e** *fam* très étonné - 11 **spongieux, -euse** schwammig - 15 **une propension** une tendance naturelle - 16 **hors du coup** en dehors des modes - **la sauvagerie** *ici:* le fait de ne pas respecter les conventions (→ sauvage) - 18 **se tarir** austrocknen - 19 **sur le tard** à un âge avancé - 22 **trahir** verraten - **un traître** qn qui trahit - 24 **un mentor** *litt* un guide, un conseiller - 25 **dévisager qn** le regarder fixement - 29 **deviner** erraten - 31 **flatter qn** schmeicheln - **savoir gré à qn de qc** jdm für etw dankbar sein

SERGE C'est consternant.

MARC C'est la vérité.

SERGE Quel échec ... !

MARC Oui, quel échec !

SERGE Quel échec !

MARC Pour moi surtout ... Toi, tu t'es découvert une nouvelle famille. Ta nature idolâtre a trouvé d'autres objets. L'Artiste ! ... La *Déconstruction* ! ...

Court silence.

YVAN C'est quoi la déconstruction ? ...

MARC Tu ne connais pas la déconstruction ? ... Demande à Serge, il domine très bien cette notion ... *(A Serge.)* Pour me rendre lisible une œuvre absurde, tu es allé chercher ta terminologie dans le registre des travaux publics ... Ah, tu souris ! Tu vois, quand tu souris comme ça, je reprends espoir, quel con ...

YVAN Mais réconciliez-vous ! Passons une bonne soirée, tout ça est risible !

MARC On ne s'est pas beaucoup vu ces derniers temps. J'ai été absent, tu t'es mis à fréquenter le haut de gamme ... Les Rops ... les Desprez-Coudert ... ce dentiste, Guy Hallié ... C'est lui qui t'a ...

SERGE Non, non, non, non, pas du tout, ce n'est pas du tout son univers, lui n'aime que l'Art conceptuel ...

MARC Oui, enfin, c'est pareil.

SERGE Non, ce n'est pas pareil.

MARC Tu vois, encore une preuve que je t'ai laissé dériver ... On ne se comprend même plus dans la conversation courante.

SERGE J'ignorais totalement – vraiment c'est une découverte – que j'étais à ce point sous ta houlette, à ce point en ta possession ...

MARC Pas en ma possession, non ... On ne devrait jamais laisser ses amis sans surveillance. Il faut toujours surveiller ses amis. Sinon, ils vous échappent ...
Regarde ce malheureux Yvan, qui nous enchantait par son comportement débridé, et qu'on a laissé devenir peureux,

1 **consternant,e** qui choque / qui rend triste - 7 **idolâtre** qui a tendance à adorer les idoles - 12 **une notion** une expression - 13 **lisible** → lire - 17 **risible** ridicule (→ rire) - 19 **le haut de gamme** l'élite - 23 **l'art conceptuel** une tendance de l'art moderne (Konzeptkunst) - 26 **dériver** quitter le bon chemin - 29 **sous la houlette de qn** sous l'influence de qn - 33 **échapper à qn** ne plus être sous l'influence de qn - 34 **enchanter qn** faire beaucoup plaisir à qn - 35 **débridé,e** ≠ modéré

papetier … Bientôt mari … Un garçon qui nous apportait sa singularité et qui s'escrime maintenant à la gommer …

SERGE Qui *nous* apportait ! Est-ce que tu réalises ce que tu dis ? Toujours en fonction de toi ! Apprends à aimer les gens pour eux-mêmes, Marc.

MARC Ça veut dire quoi, pour eux-mêmes ?!

SERGE Pour ce qu'ils sont.

MARC Mais qu'est-ce qu'ils sont ?! Qu'est-ce qu'ils sont ?! … En dehors de l'espoir que je place en eux ? … Je cherche désespérément un ami qui me préexiste. Jusqu'ici, je n'ai pas eu de chance. J'ai dû vous façonner … Mais tu vois, ça ne marche pas. Un jour ou l'autre, la créature va dîner chez les Desprez-Coudert et pour entériner son nouveau standing, achète un tableau blanc.

YVAN En médecine, ça porte un nom. La maladie qu'il a porte un nom …

SERGE Donc, nous voici au terme d'une relation de quinze ans …

MARC Oui …

SERGE Minable …

MARC Tu vois, si on était arrivé à se parler normalement, enfin si j'étais parvenu à m'exprimer en gardant mon calme …

SERGE Oui ? …

MARC Non …

SERGE Si. Parle. Qu'on échange ne serait-ce qu'un mot dépassionné.

MARC … Je ne crois pas aux valeurs qui régissent l'Art d'aujourd'hui … La loi du nouveau. La loi de la surprise … La surprise est une chose morte. Morte à peine conçue, Serge …

SERGE Bon. Et alors ?

MARC C'est tout. J'ai aussi été pour toi de l'ordre de la surprise.

SERGE Qu'est-ce que tu racontes !

MARC Une surprise qui a duré un certain temps, je dois dire.

YVAN Finkelzohn est un génie. Je vous signale qu'il avait tout compris !

MARC J'aimerais que tu cesses d'arbitrer, Yvan, et que tu cesses de te considérer à l'extérieur de cette conversation.

2 **la singularité** l'originalité - **s'escrimer (à faire qc)** faire de grands efforts - **gommer** effacer / faire disparaître - 10 **préexister** exister avant - 11 **façonner qn/qc** donner une forme à qn/qc - 13 **entériner** confirmer / rendre «officiel» - **le standing** *angl* le niveau social - 17 **au terme (de)** à la fin - 19 **minable** lamentable (jämmerlich) - 24 **dépassionné,e** sans émotion (→ la passion) - 25 **régir** *vx* diriger / dominer - 27 **concevoir** *ici:* créer - 34 **arbitrer** → un *arbitre* (Schiedsrichter)

YVAN Tu veux m'y faire participer, pas question, en quoi ça me regarde ? J'ai déjà le tympan crevé, réglez vos comptes tout seuls maintenant !

MARC Il a peut-être le tympan crevé ? Je lui ai donné un coup très violent.

SERGE *(Il ricane.)* Je t'en prie, pas de vantardise.

MARC Tu vois Yvan, ce que je ne supporte pas en ce moment chez toi – outre tout ce que je t'ai déjà dit et que je pense – c'est ton désir de nous niveler. Egaux, tu nous voudrais. Pour mettre ta lâcheté en sourdine. Egaux dans la discussion, égaux dans l'amitié d'autrefois. Mais nous ne sommes pas égaux, Yvan. Tu dois choisir ton camp.

YVAN Il est tout choisi.

MARC Parfait.

SERGE Je n'ai pas besoin d'un supporter.

MARC Tu ne vas pas rejeter le pauvre garçon.

YVAN Pourquoi on se voit, si on se hait ?! On se hait, c'est clair ! Enfin, moi je ne vous hais pas mais vous, vous vous haïssez ! Et vous me haïssez ! Alors pourquoi on se voit ? ... Moi je m'apprêtais à passer une soirée de détente après une semaine de soucis absurdes, retrouver mes deux meilleurs amis, aller au cinéma, rire, dédramatiser ...

SERGE Tu as remarqué que tu ne parles que de toi.

YVAN Et vous parlez de qui, vous ?! Tout le monde parle de soi !

SERGE Tu nous fous la soirée en l'air, tu ...

YVAN Je vous fous la soirée en l'air ?!

SERGE Oui.

YVAN Je vous fous la soirée en l'air ?! Moi ?! Moi, je vous fous la soirée en l'air ?!

MARC Oui, oui, ne t'excite pas !

YVAN C'est moi qui fous la soirée en l'air ?!! ...

SERGE Tu vas le répéter combien de fois ?

YVAN Non mais répondez-moi, c'est moi qui fous la soirée en l'air ?!!

MARC Tu arrives avec trois quarts d'heure de retard, tu ne t'excuses pas, tu nous soûles de tes pépins domestiques ...

2 **régler ses comptes** *ici:* se disputer - 6 **ricaner** rire un peu méchamment - **la vantardise** Angeberei - 9 **niveler** mettre au même niveau - 10 **la lâcheté** ≠ le courage - **mettre qc en sourdine** *ici:* cacher - 20 **s'apprêter à** avoir l'intention de - **la détente** la distraction / le repos - 25 **foutre qc en l'air** *pop* ruiner / détruire qc - 35 **soûler qn** *fam* fatiguer qn (en parlant trop) - **un pépin** *fam* un problème - **domestique** qui concerne la vie familiale

SERGE Et ta présence veule, ta présence de spectateur veule et neutre, nous entraîne Marc et moi dans les pires excès.

YVAN Toi aussi ! Toi aussi, tu t'y mets ?!

SERGE Oui, parce que sur ce point, je suis entièrement d'accord avec lui. Tu crées les conditions du conflit.

MARC Cette mièvre et subalterne voix de la raison, que tu essaies de faire entendre depuis ton arrivée, est intenable.

YVAN Vous savez que je peux pleurer ... Je peux me mettre à pleurer là ... D'ailleurs, je n'en suis pas loin ...

MARC Pleure.

SERGE Pleure.

YVAN. Pleure ! Vous me dites, pleure !! ...

MARC Tu as toutes les raisons de pleurer, tu vas épouser une gorgone, tu perds des amis que tu pensais éternels ...

YVAN Ah parce que ça y est, tout est fini !

MARC Tu l'as dit toi-même, à quoi bon se voir si on se hait ?

YVAN Et mon mariage ?! Vous êtes témoins, vous vous souvenez ?!

SERGE Tu peux encore changer.

YVAN Bien sûr que non ! Je vous ai inscrits !

MARC Tu peux en choisir d'autres au dernier moment.

YVAN On n'a pas le droit !

SERGE Mais si ! ...

YVAN Non ! ...

MARC Ne t'affole pas, on viendra.

SERGE Tu devrais annuler ce mariage.

MARC Ça, c'est vrai.

YVAN Mais merde ! Qu'est-ce que je vous ai fait, merde !! ...
Il fond en larmes.
Un temps.
C'est ignoble ce que vous faites ! Vous auriez pu vous engueuler après le 12, non, vous vous arrangez pour gâcher mon mariage, un mariage qui est déjà une calamité, qui m'a fait perdre quatre kilos, vous le ruinez définitivement ! Les deux seules personnes dont la présence me procurait un embryon de satisfaction s'arrangent pour s'entre-tuer, je suis vraiment le garçon verni ! ...

1 **veule** faible et lâche - 6 **mièvre** abgeschmackt - 7 **intenable** insupportable - 14 **une gorgone** un monstre féminin - **éternel, le** qui existera toujours - 24 **s'affoler** paniquer - 28 **fondre en larmes** pleurer fortement - 29 **ignoble** méchant / terrible - 30 **gâcher** ruiner - 32 **une calamité** une catastrophe - 35 **un embryon** *ici:* un début, un petit peu - 36 **verni,e** *ici: fam* qui a de la chance

(A Marc) Tu crois que j'aime les pochettes perforées, les rouleaux adhésifs, tu crois qu'un homme normal a envie, un jour, de vendre des chemises dos à soufflet ?! ... Que veux-tu que je fasse ? J'ai fait le con jusqu'à quarante ans, ah bien sûr je t'amusais, j'amusais beaucoup mes amis avec mes conneries, mais le soir qui est seul comme un rat ? Qui rentre tout seul dans sa tanière le soir ? Le bouffon seul à crever qui allume tout ce qui parle et qui trouve sur le répondeur qui ? Sa mère. Sa mère et sa mère.

Un court silence.

MARC Ne te mets pas dans un état pareil.

YVAN Ne te mets pas dans un état pareil ! Qui m'a mis dans cet état ?! Je n'ai pas vos froissements d'âme moi, qui je suis ? Un type qui n'a pas de poids, qui n'a pas d'opinion, je suis un ludion, j'ai toujours été un ludion !

MARC Calme-toi ...

YVAN Ne me dis pas, calme-toi ! Je n'ai aucune raison de me calmer, si tu veux me rendre fou, dis-moi calme-toi ! Calme-toi est la pire chose qu'on peut dire à quelqu'un qui a perdu son calme ! Je ne suis pas comme vous, je ne veux pas avoir d'autorité, je ne veux pas être une référence, je ne veux pas exister par moi-même, je veux être votre ami Yvan le farfadet ! Yvan le farfadet.

Silence.

SERGE Si on pouvait ne pas tomber dans le pathétique ...

YVAN J'ai terminé.
Tu n'as pas quelque chose à grignoter ? N'importe quoi, juste pour ne pas tomber évanoui.

SERGE J'ai des olives.

YVAN Donne.

Serge lui donne un petit bol d'olives qui est à portée de main.

SERGE *(à Marc)* Tu en veux ?

Marc acquiesce.

1 **une pochette** Hülle - **perforé,e** gelocht - 2 **un rouleau adhésif** Klebebandrolle - 3 **une chemise** *ici:* dünne Mappe - **un dos à soufflet** „Ziehharmonika-Rücken" - 5 **une tanière** un trou où vit une bête sauvage - **un bouffon** qn qui fait rire les autres (Hofnarr) - **crever** *ici: fam* mourir - 8 **un répondeur** Anrufbeantworter - 13 **un froissement** *ici:* une légère *blessure* (Verletzung) - 15 **un ludion** *ici:* willenlose Spielfigur - 21 **une référence** une autorité / un modèle - 22 **un farfadet** Kobold - 27 **grignoter** manger - 28 **tomber évanoui,e** perdre conscience (ohnmächtig werden) - 31 **à portée de** in Reichweite von - 33 **acquiescer** faire un signe pour dire «oui»

Yvan lui tend le bol.
Ils mangent des olives.

YVAN … Tu n'as pas une assiette pour mettre les …

SERGE Si.

Il prend une soucoupe et la pose sur la table.
Un temps.

YVAN *(tout en mangeant les olives)* … En arriver à de telles extrémités … Un cataclysme pour un panneau blanc …

SERGE Il n'est pas blanc.

YVAN Une merde blanche ! … *(Il est pris d'un fou rire.)* … Car c'est une merde blanche ! … Reconnais-le mon vieux ! … C'est insensé ce que tu as acheté ! …

Marc rit, entraîné dans la démesure d'Yvan.
Serge sort de la pièce.
Et revient aussitôt avec l'Antrios qu'il replace au même endroit.

SERGE *(à Yvan)* Tu as sur toi tes fameux feutres ? …

YVAN Pour quoi faire ? … Tu ne vas pas dessiner sur le tableau? …

SERGE Tu as ou pas ?

YVAN Attends … *(Il fouille dans les poches de sa veste.)* Oui … Un bleu …

SERGE Donne.

Yvan tend le feutre à Serge.

Serge prend le feutre, enlève le capuchon, observe un instant la pointe, replace le capuchon.
Il lève les yeux vers Marc et lui lance le feutre.
Marc l'attrape.

Léger temps.

SERGE *(à Marc)* Vas-y. *(Silence.)* Vas-y !

Marc s'approche du tableau …
Il regarde Serge …
Puis il enlève le capuchon du feutre.

YVAN Tu ne vas pas le faire ! …

Marc regarde Serge …

SERGE Allez.

5 **une soucoupe** une petite assiette qui se place sous une tasse - 7 **une extrémité** *ici:* qc de très exagéré - 8 **un cataclysme** une terrible catastrophe - 12 **insensé,e** absurde (→ le sens) - 13 **la démesure** l'exagération (de la réaction) - 24 **la pointe** la partie du feutre avec laquelle on écrit - 26 **attraper** fangen

YVAN Vous êtes fous à lier tous les deux !

Marc se baisse pour être à la hauteur du tableau.

Sous le regard horrifié d'Yvan, il suit avec le feutre un des liserés transversaux.
Serge est impassible.

Puis avec application, Marc dessine sur cette pente un petit skieur avec un bonnet.

Lorsqu'il a fini, il se redresse et contemple son œuvre.

Serge reste de marbre.
Yvan est pétrifié.

Silence.

SERGE Bon. J'ai faim. On va dîner ?
Marc esquisse un sourire.
Il rebouche le capuchon et dans un geste ludique, le jette à Yvan qui s'en saisit au vol.

Chez Serge.
Au fond, accroché au mur, l'Antrios.
Debout devant la toile, Marc tient une bassine d'eau dans laquelle Serge trempe un petit morceau de tissu.
Marc a relevé les manches de sa chemise et Serge est vêtu d'un petit tablier trop court de peintre en bâtiment.
Près d'eux, on aperçoit quelques produits, flacons ou bouteilles de white-spirit, eau écarlate, chiffon et éponges ...
Avec un geste très délicat, Serge apporte une dernière touche au nettoyage du tableau.

1 **fou à lier** complètement fou - 3 **horrifié,e** pris par l'horreur - 5 **impassible** qui ne montre aucune émotion - 6 **avec application** *(f)* en se concentrant - 7 **un bonnet** Mütze - 8 **pétrifié,e** transformé en pierre (versteinert) - 13 **esquisser** andeuten - 14 **reboucher** (re-)fermer - **ludique** spielerisch - 18 **une bassine** Schüssel - 19 **tremper qc** mettre qc dans l'eau - 20 **une manche** Ärmel - 23 **le white spirit** *angl* un produit qui sert à enlever les taches- **l'eau écarlate** *vx* un autre produit de nettoyage - 24 **une touche** *ici:* un petit travail (pour finir qc)

L'Antrios a retrouvé toute sa blancheur initiale.
Marc pose la bassine et regarde le tableau.
Serge se retourne vers Yvan, assis en retrait.
Yvan approuve.
Serge recule et contemple l'œuvre à son tour.
Silence.

YVAN *(comme seul. Il nous parle à voix légèrement feutrée.)* … Le lendemain du mariage, Catherine a déposé au cimetière Montparnasse, sur la tombe de sa mère morte, son bouquet de mariée et un petit sachet de dragées. Je me suis éclipsé pour pleurer derrière une chapelle et le soir, repensant à cet acte bouleversant, j'ai encore sangloté dans mon lit en silence. Je dois absolument parler à Finkelzohn de ma propension à pleurer, je pleure tout le temps, ce qui n'est pas normal pour un garçon de mon âge. Cela a commencé, ou du moins s'est manifesté clairement le soir du tableau blanc chez Serge. Après que Serge ait montré à Marc, par un acte de pure démence, qu'il tenait davantage à lui qu'à son tableau, nous sommes allés dîner chez Emile. Chez Emile, Serge et Marc ont pris la décision d'essayer de reconstruire une relation anéantie par les événements et les mots. A un moment donné, l'un de nous a employé l'expression « période d'essai » et j'ai fondu en larmes.
L'expression « période d'essai » appliquée à notre amitié a provoqué en moi un séisme incontrôlé et absurde.
En réalité, je ne supporte plus aucun discours rationnel, tout ce qui a fait le monde, tout ce qui a été beau et grand dans ce monde n'est jamais né d'un discours rationnel.

Un temps.
Serge s'essuie les mains.
Il va vider la bassine d'eau puis se met à ranger tous les produits, de sorte qu'il n'y ait plus aucune trace du nettoyage.
Il regarde encore une fois son tableau. Puis se retourne et s'avance vers nous.

1 **initial,e** original / du début - 3 **en retrait** un peu en arrière - 5 **à son tour** seinerseits - 7 **feutré,e** gedämpft - 8 **un cimetière** un terrain où l'on met les morts en terre - 9 **une tombe** Grab - 10 **s'éclipser** s'en aller discrètement - 18 **tenir à qn/qc** vouloir garder qn/qc (qu'on considère comme important) - 21 **anéantir** détruire complètement - 25 **un séisme** un tremblement de terre; *ici:* une très forte émotion

SERGE Lorsque nous sommes parvenus, Marc et moi, à l'aide d'un savon suisse à base de fiel de bœuf, prescrit par Paula, à effacer le skieur, j'ai contemplé l'Antrios et je me suis tourné vers Marc :
– Savais-tu que les feutres étaient lavables ?
– Non, m'a répondu Marc ... Non ... Et toi ?
– Moi non plus, ai-je dit, très vite, en mentant.
Sur l'instant, j'ai failli répondre, moi je le savais. Mais pouvais-je entamer notre période d'essai par un aveu aussi décevant ? ... D'un autre côté, débuter par une tricherie ? ... Tricherie ! N'exagérons rien. D'où me vient cette vertu stupide ? Pourquoi faut-il que les relations soient si compliquées avec Marc ? ...

La lumière isole peu à peu l'Antrios.
Marc s'approche du tableau.

MARC Sous les nuages blancs, la neige tombe.
On ne voit ni les nuages blancs, ni la neige.
Ni la froideur et l'éclat blanc du sol.
Un homme seul, à skis, glisse.
La neige tombe.
Tombe jusqu'à ce que l'homme disparaisse et retrouve son opacité.
Mon ami Serge, qui est un ami depuis longtemps, a acheté un tableau.
C'est une toile d'environ un mètre soixante sur un mètre vingt.
Elle représente un homme qui traverse un espace et qui disparaît.

---

2 **le fiel** Galle - **prescrire** *ici:* recommander / conseiller - 8 **faillir faire qc** beinahe etw tun - 9 **un aveu** le fait de reconnaître une faute (→ avouer) - 10 **débuter** commencer (→ le début) - **une tricherie** → tricher - 11 **une vertu** Tugend - 22 **l'opacité** *f* ≠ la transparence.

Textes complémentaires

Au sujet de l'art moderne

Pourquoi collectionner ?

Quand on est petit, on collectionne les timbres. Quand on est plus grand, et surtout si on a un papa ou une maman très riche qui a commencé avant vous, on peut collectionner de l'art moderne. L'idée, c'est d'acheter pour presque rien un tableau ou une sculpture qui se vendra un jour à un prix démentiel. Monsieur Bluff, s'il veut devenir un jour un grand collectionneur, se doit de connaître les motivations de base du collectionneur type. Elles sont variées :

- Admiration béate pour un artiste.
- Possibilité de sortir d'un milieu professionnel ennuyeux, que l'on fréquente depuis toujours (fabrication de vis et de boulons par exemple) pour rencontrer du soi-disant beau linge.
- S'acheter une conduite culturelle et jouer à l'esthète.
- Meubler son salon avec de jolies couleurs qu'on ne trouve pas chez Ikéa ou chez Habitat.
- Spéculer.

Bien évidemment, tous les collectionneurs vous assureront que leur seule motivation est la première. Dont acte. (1)

Le pari de l'art abstrait

Monsieur Bluff se demande certainement comment reconnaître un tableau figuratif d'un tableau abstrait ? Bonne question, mais réponse difficile car les peintres modernes déforment tellement les apparences du monde extérieur qu'on ne sait plus très bien où l'on en est.

Pourtant, un historien de la peinture abstraite, Michel Seuphor, nous donne une réponse limpide : « *J'appelle art abstrait tout art qui ne contient aucun rappel, aucune évocation de la réalité.* » Picasso n'est donc pas un peintre abstrait mais un figuratif, parce que ses figures, même horriblement déformées, sont toujours identifiables.

Personne n'a « inventé » l'abstraction, ses « disciples » se sont retrou-

6 **démentiel,le** fou - 9 **béat,e** content et un peu naïf - 11 **fréquenter (un endroit)** y aller régulièrement - **une vis** Schraube - **un boulon** (Schrauben-)Bolzen - 12 **soi-disant** angeblich - **le beau linge** *ici:* les gens chics - 13 **une conduite** *ici:* un (bon) comportement - 15 **Ikéa, Habitat** grands magasins de meubles - 18 **dont acte** zur Kenntnis genommen - 22 **l'apparence** *f* l'aspect extérieur (→ apparaître) - 25 **limpide** clair - 26 **l'évocation (de qc)** *f* le fait de faire penser (à qc) - 29 **un disciple** Anhänger

vés au même moment, en arrivant par des chemins différents comme si, le fruit étant mûr, il fallait le goûter. A force de simplifier, de déformer, de triturer les êtres et les choses au point de les rendre méconnaissables, il était normal que les peintres aient voulu aller encore plus loin pour se libérer définitivement de cette obligation de reproduire le monde. (1)

L'abstraction - une quête de liberté

A l'opposé de l'art figuratif, l'art abstrait ne représente rien du monde, mais recherche son propre vocabulaire, loin de tout référent naturaliste. Les artistes fondateurs de ce mouvement mettent en place un processus d'expérimentation qui exclut l'inutile, la peinture se détachant du sujet et de la représentation du monde concret. L'intérêt se porte désormais sur la recherche formelle et l'expérience sensible de la couleur.

Libérée de toute contrainte par rapport au réel, la peinture doit se suffire à elle-même. La peinture repensée en tant qu'objet en soi, le tableau devient un tout où se confondent espace et matérialité de la toile, autorité de la forme et de la couleur seule. « *L'art entre dans sa voie au bout de laquelle il retrouvera ce qu'il a perdu, ce qui redeviendra le ferment spirituel de sa reconnaissance. L'objet de sa recherche n'est pas l'objet matériel concret auquel on s'attachait à l'époque précédente, étape dépassée, ce sera le contenu de l'art, son essence, son âme* » (W. Kandinsky, *Du spirituel dans l'art)*. (2)

Le choc monochrome

C'est en 1958 que l'inattendu se produit. Une exposition à la galerie Iris-Clert fait sensation : Yves Klein convie deux mille personnes à contempler les murs vides de la galerie. Cette exposition, au-delà de l'ironie et de l'anecdote, se voulait aussi un pied de nez à l'école de Paris. Arrivant à point nommé, elle mit en lumière la crise dans laquelle l'art français semblait s'enfoncer. Le scandale déclenché par Klein porta ses fruits, et la France vit l'avènement d'une nouvelle génération d'artistes prêts à ébranler « le bon goût » pour réinstaurer l'esprit d'avant-garde.

1 **mûr,e** reif - 2 **à force de** + *inf* durch wiederholtes (tun) - 3 **triturer** zerlegen - **méconnaissable** ≠ reconnaissable - 5 **une obligation** → obliger, obligatoire - 6 **une quête** *ici:* une recherche - 8 **un référent** Bezugspunkt - 9 **(un) fondateur** → fonder qc - 10 **exclure** ausschließen - 11 **se détacher** *ici:* se libérer - 12 **désormais** à partir de ce moment-là - 14 **une contrainte** une obligation - 16 **un espace** (abstrakter) Raum - **la matérialité** Stofflichkeit - 19 **un ferment** qc qui cause le changement - 22 **l'essence** *f* *ici:* Wesen - 25 **convier** inviter - 26 **contempler** regarder attentivement - 27 **un pied de nez** *ici:* une petite provocation - 28 **à point nommé** wie gerufen - 29 **déclencher** commencer, initier - 30 **l'avènement** l'arrivée - 31 **ébranler** faire trembler (erschüttern) - **réinstaurer** établir de nouveau

Le peintre se trouve désormais face à une liberté qu'il n'avait auparavant jamais connue : les possibilités infinies qu'offre la couleur seule. « *J'ai déjà vu des monochromes, c'est toujours la même chose* ». Découvrir Malevitch, Rodchenko, Rothko, Barnett Newmann par le biais du savoir seul pourrait inciter à de telles interrogations. Mais le regard laissé libre, dégagé de toute contingence intellectuelle, se laisse aller à la puissance de chacune de ces toiles et apprend à les apprécier et à les reconnaître. Les nouvelles pratiques artistiques, les nouveaux médiums, les conceptions anticonventionnelles de l'œuvre d'art sont autant de considérations qui troublent toujours nos références. Malgré le chemin déblayé par les « avant-gardes historiques », nous offrons encore une certaine résistance qu'il nous faut combattre en oubliant nos propres interdits et nos limites. (2)

De la relativité de l' « avant-garde »

Il ne faut pas oublier que le rejet symptomatique de toute forme d'avant-garde est une constante dans l'histoire de l'art français. Elle regorge d'exemples de ce type. Les impressionnistes inspirèrent une telle haine à la fin du siècle dernier que l'Etat alla jusqu'à refuser la donation Caillebotte. Les fauves et les cubistes déclenchèrent eux aussi un véritable scandale. On sait aussi comment Braque, comme bien d'autres artistes, fut dédaigné de son vivant et l'on s'étonne encore du mépris qu'avait manifesté l'Etat envers la donation Mondrian. Pourtant, au-delà de ce premier rejet impulsif, l'impressionnisme, le cubisme, le surréalisme, l'abstraction et tous ces mouvements marginaux qui font la richesse de notre histoire de l'art ont réussi à s'imposer ... alors que peu de souvenirs des artistes « officiels » perdurent dans nos mémoires. (2)

(1) Marina Dana Rodna, *Monsieur Bluff et l'Art moderne,* adaptation française de Christine Géricot et Jean-Loup Chiflet, Editions Anne Carrière, Paris 1997;
(2) Gilbert Brownstone, in *Art contemporain France,* Ed. Assouline, Paris 1997.

5 **le biais** *ici:* Umweg - **inciter à qc** zu etw. veranlassen - 6 **dégager** *ici:* libérer - **les contingences** *f* banale Dinge - 7 **apprécier** estimer (schätzen) - 10 **une considération** *ici:* une manière de voir - **une référence** *ici:* Bezugspunkt - 11 **déblayer qc** y enlever tout ce qui empêche de passer - 12 **combattre qc** lutter contre qc - 15 **le rejet** le refus - 17 **regorger** überquellen - 19 **une donation** Schenkung, Stiftung - **Gustave Caillebotte** un impressionniste (1848-1894) - **les fauves** *ici:* un groupe de peintres (dont Matisse) - 21 **dédaigner** ≠ estimer - **de son vivant** avant sa mort - 22 **le mépris** ≠ le respect - 23 **Piet Mondrian** un peintre néerlandais (1872-1944) - 25 **marginal,e** Außenseiter- - 26 **s'imposer** se faire accepter - 27 **perdurer** continuer à exister.

Yasmina Reza, écrivain d'« Art »

Elle est belle, séduisante, spirituelle. Et pourtant, elle voudrait se cacher, s'effacer derrière son œuvre. Yasmina Reza est la contradiction même, la quadrature du cercle faite femme. Faisons comme si. Comme si nous ne savions rien de son succès international. Comme si nous avions oublié qu'elle est l'auteur d'« Art », pièce traduite en vingt langues et mise en scène à Broadway dès le 1er mars, après Londres, Berlin, Moscou.

On a dit ses pièces fabriquées, on l'a traitée de faiseuse habile, de bourgeoise réactionnaire, de fille à papa. En Angleterre, « Art » est considéré comme un *Misanthrope* moderne et récompensé par le Laurence Olivier Award, distinction remise pour la première fois à un non-Britannique.

Qui donc est Yasmina Reza ? De sa mère, juive ashkénaze de l'aristocratie industrielle hongroise, Yasmina a hérité d'une sensibilité particulière pour la musique. De son père, juif séfarade, mi-russe, mi-iranien, elle a reçu le goût de l'art et de la culture, une rectitude morale et des yeux de velours. Quant à la France, où elle est née, elle a mis de l'ordre cartésien dans sa tête.

Yasmina a suivi des études de sociologie au moment où cela se faisait. Bifurqué vers des études théâtrales à Nanterre et posé son balluchon chez Jacques Lecoq pour apprendre la comédie. Fabrice Luchini se souvient du temps où ils jouaient ensemble *Le Veilleur de nuit*, de Sacha Guitry; il n'a pas oublié son « impertinence bien élevée », sa « faculté d'émerveillement ». Félix Ascot, patron du théâtre Hébertot, compare son écriture à celle de Katherine Mansfield et la voit comme un personnage de Fitzgerald : elle se laisse prendre par les séductions de l'époque et, une demi-heure après, elle en rit.

Son charme est vif, ses couleurs sont contrastées. Richard Ducousset, son éditeur, note dans son œuvre «*une gravité, une simplicité, un*

1 **séduisant,e** charmant - **spirituel,le** qui a de l'esprit (geistreich) - 2 **s'effacer** disparaître - 8 **une faiseuse** qn qui fait de l'effet sans avoir de talent - **habile** geschickt - 10 **un misanthrope** Menschenfeind; *ici:* une pièce de Molière - 11 **Laurence Olivier Award** un prix anglais de théâtre - **une distinction** *ici:* un prix - 13 **(une juive) ashkénaze** d'Europe centrale - 14 **hériter de qc** recevoir qc de ses parents - 15 **(un juif) séfarade** d'Europe méditerranéenne - 16 **la rectitude** *litt* Aufrichtigkeit - 17 **le velours** Samt - 18 **cartésien,ne** clair, logique (→ Descartes) - 20 **bifurquer** changer de direction - **poser son balluchon** s'installer - 23 **l'impertinence** *f* Frechheit - 24 **l'émerveillement** *m* la surprise face à qc de beau - 25 **l'écriture** *f* *ici:* le style - 27 **la séduction** → séduisant - 28 **vif, vive** très vivant - 29 **la gravité** → grave (*ici:* ernsthaft)

sentiment d'urgence dont la subtilité et le sens de l'ellipse laissent entendre les choses sans les expliquer». Les choses, en l'occurrence, ce serait le temps, le contretemps, la patience. Ce serait la fuite, la perte et la modification des êtres emportés par les jours. Une multitude d' « instants d'optimisme irraisonné » qui seuls permettent de survivre. « *Ma limite,* confie Yasmina Reza, c'est d'être incapable de *m'identifier à ce qui m'arrive. Je vois trop le côté dérisoire des événements pour me laisser griser.* » Il semblerait en effet que le Carpe diem ne soit pas son fort. Moïra Paraschivesco, son impitoyable première lectrice et amie de toujours, le confirme : « *Elle est en tension permanente entre la nostalgie et le futur, avec une incapacité fondamentale à ne voir que le côté positif de la vie et une prédisposition à être blessée. La carapace n'est pas si épaisse que cela.* »

Elle qui avoue que « le succès n'est le verdict de rien », a dit non aux monts et merveilles télévisuels, prime time, etc. A renoncé à Robert De Niro, dont l'emploi du temps surchargé risquait de compromettre la bonne marche d'« Art » à Broadway. Elle ne s'en vante pas, mais refuser lui est plus naturel que consentir. « *On gâche très vite le meilleur de soi à faire n'importe quoi. L'écriture est autre chose qu'un métier ou un moyen de gagner de l'argent. J'aimerais mieux faire des ménages pour vivre que me galvauder.* » Car l'écrit, c'est ce qui restera quand elle aura cessé d'être. Pas tant le théâtre, art de l'éphémère où les responsabilités sont partagées, que l'œuvre proprement littéraire : « *Rajouter à la masse de ce qui est imprimé un livre raté, c'est criminel.* » Elle ne fautera pas.

Dans quinze jours, à Broadway, la belle sourira aux photographes et se laissera embrasser par le Tout-Hollywood. Au même instant, son nom sera applaudi à Londres, à Paris, à Moscou. Peut-être même au fond du Caucase. Du grand art !

Laurence Liban, *L'Express,* 12 février 1998 (texte abrégé).

1 **l'urgence** *f* la nécessité de faire qc rapidement - **la subtilité** la finesse - **une ellipse** *f* une phrase non complète - 2 **en l'occurrence** dans le cas présent - 3 **un contretemps** un empêchement - 4 **une multitude** une grande quantité - 5 **irraisonné,e** sans raison - 7 **dérisoire** sans importance - 8 **griser** berauschen - **Carpe diem** *lat* „Nutze den Tag" - 9 **impitoyable** dur, sans *pitié* (Erbarmen) - 11 **l'incapacité** *f* le fait de ne pas être capable - 12 **la prédisposition** Veranlagung - **la carapace** Panzer (von Tieren) - 14 **le verdict** le jugement - 15 **(des) monts et merveilles** des gros avantages - **le prime time** *angl* Hauptsendezeit - 17 **se vanter (de qc)** angeben - 18 **gâcher qc** ruiner qc - 21 **se galvauder** *litt* sein Talent vergeuden - 23 **éphémère** qui ne dure pas longtemps - **proprement** im eigentlichen Sinn - 25 **raté,e** ≠ réussi - **fauter** → une faute - 27 **le Tout-Hollywood** les gens les plus connus d'Hollywood.

De l'amitié

En racontant dans « Art » une brouille esthétique entre trois amis – le prétexte : l'achat coûteux d'un tableau d'art moderne, tout blanc – Yasmina nous mène gentiment vers la question essentielle : l'amitié résiste-t-elle aux égarements ?

(Michèle Leloup, *L'Express*, 21 septembre 1995).

La plupart de ceux que nous considérons comme des amis ne sont, en réalité, que des connaissances. C'est-à-dire des gens qui ne nous sont pas indifférents, comme l'est la masse confuse des « autres ». Nous connaissons leurs idées, leurs problèmes, nous nous sentons avec eux des affinités, nous nous adressons à eux pour leur demander de l'aide et nous les aidons volontiers à notre tour. Nous entretenons avec eux de bons rapports, qui ne peuvent toutefois pas être confondus avec l'intimité profonde que nous réservons à nos véritables amis ; nous ne leur faisons pas partager nos soucis les plus personnels. Nous n'éprouvons pas une joie particulière lorsque nous les rencontrons et nous n'avons pas spontanément envie de leur sourire. Si d'aventure ils remportent un succès ou sont l'objet d'une distinction, s'ils ont de la chance dans leur vie, notre bonheur n'est pas aussi fort que s'il s'agissait de nous. Souvent même, dans cette sorte d'amitié, il y a place pour l'envie, la médisance, la rivalité. Parfois, cette cordialité de façade masque une réalité faite de conflits, voire une ambiguïté radicale. Bien sûr, ces relations ne nous sont pas étrangères, elles nous sont même très proches. Mais pourquoi parler d'amitié quand il s'agit de liens affectifs si éloignés de ce sentiment ?

Avoir de l'amitié pour quelqu'un, c'est reconnaître en lui une qualité, une vertu tout à fait évidente mais que les autres n'apprécient pas, par indifférence ou par hostilité. L'amour qui nous anime ne déforme pas notre regard ; il nous permet de voir un ami tel qu'il est et de le juger équitablement selon des critères universels. Ces critères

1 **une brouille** une dispute - 4 **un égarement** Verirrung - **7 confus,e** ≠ clair, distinct - 9 **une affinité** une sympathie basée sur la ressemblance - 11 **toutefois** pourtant - 12 **confondre** prendre une chose pour une autre - 16 **d'aventure** par hasard - **remporter un succès** réussir qc - 19 **l'envie** *f* Neid - **la médisance** le fait de dire du mal de qn - 20 **la cordialité** Herzlichkeit - **de façade** ≠ authentique - **masquer** cacher - 21 **voire** *litt* et même - **une ambiguïté** Zweideutigkeit; *ici:* Ambivalenz - 26 **une vertu** une qualité morale - 27 **l'hostilité** *f* ≠ l'amitié - **animer** *ici:* influencer le comportement - 29 **équitable** juste

sont néanmoins rarement respectés quoiqu'on entende souvent affirmer le contraire. L'ami est celui qui les respecte à mon endroit et ne les oublie jamais, comme moi je ne les oublie pas.

Un ami est donc celui qui me *rend justice* au sens profond et fondamental du terme. La vie peut être juste ou injuste. Mais, en appréciant en moi une qualité que personne n'avait encore valorisée, en m'accordant son estime quand les autres me témoignent du mépris, un ami me rend justice, au sens profond du terme. Un ami choisit mon camp, se bat avec moi et pour moi et, si c'est nécessaire, il me venge. Ce faisant, il me rend justice.

Apprécier les qualités d'une personne implique une disposition à la bienveillance. Et la bienveillance est, par excellence, la vertu d'un ami. Seul, il connaît notre véritable personnalité et nous aide à la conquérir. Les autres sont indifférents et restent froids à notre égard ; ils ne voient même pas ce que nous sommes réellement. S'il arrive qu'un inconnu reconnaisse nos mérites et s'avance généreusement vers nous, il est notre ami, ne serait-ce qu'un instant.

Reconnaître la valeur de quelqu'un, c'est aussi le voir de l'intérieur. Le mérite ne touche pas seulement le comportement, il porte également sur les frémissements de l'âme, la sensibilité. Ce qui donne à l'amitié son caractère désintéressé et sublime, c'est le fait qu'elle reconnaît et valorise en nous des qualités jusque-là ignorées.

L'amitié réussit le plus souvent à surmonter les inégalités. Ce serait une erreur de ne la croire possible qu'entre les membres d'une même classe sociale ou entre des individus disposant du même revenu. L'inégalité peut néanmoins, sinon détruire, du moins provoquer de graves ruptures dans la plus solide des relations. C'est le cas si la vie de l'un se déroule sous d'heureux auspices quand l'autre n'a aucune chance. Habitués à leur égalité, ils ne réussissent pas à surmonter cet écart entre eux. On peut évoquer à ce propos un récit de Pirandello qui illustre bien cet échec des mécanismes d'égalisation. Deux paysans sont associés depuis onze années dans l'exploitation d'un même domaine. Ils se font toute confiance. Jamais le moindre

1 **néanmoins** pourtant - 2 **à l'endroit de qn** vis-à-vis de qn, face à qn - 6 **valoriser qc** donner de la valeur à qc - 7 **accorder qc à qn** donner qc à qn - **l'estime** *f* Wertschätzung - **témoigner** *ici:* montrer - **le mépris** ≠ le respect - 9 **venger qn** jdn rächen - 12 **la bienveillance** Wohlwollen - 14 **à l'égard de qn** en ce qui concerne qn - 20 **un frémissement** (Er)Zittern - 21 **désintéressé,e** qui n'attend pas de récompense - **sublime** erhaben - 25 **disposer de qc** avoir qc - 27 **une rupture** *ici:* une séparation - 28 **sous d'heureux auspices** dans des circonstances favorables - 30 **un écart** une distance - **évoquer qc** rappeler qc - 32 **l'exploitation** *f* *ici:* Bewirtschaftung

désaccord ne les a divisés. Tous deux sont mariés et ils ont le même nombre d'enfants. Enfin ils sont semblables en tout. Cependant l'épouse de l'un d'eux vient à mourir en couches après une sixième grossesse. Paralysé de douleur, le veuf se refuse désormais à parler à son ami. Trois jours passent et il ordonne à ses enfants de l'aider à rassembler tous ses biens pour quitter le domaine avec toute sa famille. Son ami cherche à le retenir et s'entend répondre qu'il ne lui est plus possible de rester. On comprend qu'il ne peut supporter sa nouvelle situation ; il reste seul avec cinq enfants en bas âge et ne pourrait plus entretenir les mêmes relations avec son ami ou avec son épouse : il aurait trop souvent besoin de leur aide.

L'amitié connaît, elle aussi, ses crises. On ne peut la considérer comme acquise une fois pour toutes ; elle n'est pas plus durable que n'importe quelle relation entre les individus, l'amour parents-enfants ou l'amour d'un couple par exemple. La crise signifie que l'un des amis n'est pas assuré de l'amitié de l'autre, qu'il se sent abusé, incompris. La surmonter est signe d'une compréhension réciproque retrouvée. L'incompréhension peut nous rendre agressifs, nous entraîner à rompre. Toujours née dans le sillage de la déception, la crise peut conduire à un affrontement qui signe la mort de l'amitié. Si c'est l'ami qui nous fait un procès, la crise montre qu'il est dans un état d'injustice, et nous pensons : je n'aurais jamais cru cela possible de la part d'un ami. On peut toujours s'attendre à une méprise de la part d'une relation quelconque, mais l'incompréhension d'un ami nous déconcerte. Elle est toujours un indice de mauvaise volonté. Nous sommes convaincus qu'une intention réellement généreuse, un esprit ouvert, honnête et indulgent ne saurait se méprendre. L'incompréhension nous apparaît comme un signe d'indifférence inconsciente, de mépris, voire d'agressivité. Si un ami ne nous a pas compris, c'est la preuve qu'il n'était pas notre ami.

Francesco Alberoni, *L'amitié,* Editions Ramsay, Paris 1985

3 **mourir en couches** mourir pendant la naissance d'un bébé - 4 **la grossesse** *ici:* le fait d'attendre un bébé - **paralysé,e** gelähmt - **un veuf** un homme dont la femme est morte - **désormais** à partir de ce moment-là - 13 **acquis,e** *ici:* définitif - 16 **abuser qn** *litt* ausnutzen - 17 **réciproque** gegenseitig - 19 **le sillage** Kielwasser - 20 **un affrontement** une dispute sérieuse - 23 **une méprise** une erreur, un malentendu - 24 **déconcerter qn** jdn aus der Fassung bringen - 27 **se méprendre** → une méprise - 28 **inconscient,e** dont on ne se rend pas compte.

Anlässlich des Kaufs eines teuren, modernen Gemäldes streiten sich die drei Protagonisten so heftig, dass ihre langjährige Freundschaft ernsthaft ins Wanken gerät.

Weitere Lektüre-Empfehlungen (Dramen):

Bernard-Marie Koltès, *Retour au désert* (Klett-Nr. 597823)
Jean Anouilh, *Antigone* (Klett-Nr. 597253)
Albert Camus, *Les justes* (Klett-Nr. 5962)
Eugène Ionesco, *La leçon* (Klett-Nr. 5987)
Jean-Paul Sartre, *Huis clos* (Klett-Nr. 5984)

9 783125 978256
ISBN 3-12-**597825**-4
Klett